교육이 바로서야 나라가 산다

교육이 바로 서야 나라가 산다

주삼환 著

KSI 한국학술정보(주)

개정판 머리말

사회는 ① 농업사회, ② 산업사회, ③ 지식정보사회를 거쳐 ④ 문화·창조사회 또는 꿈의 사회(Dream Society)로 접어 들었다고 합니다. 그런데 사회는 이렇게 급변하는데 우리나라 교육과 학교는 아직도 산업사회의 공장식에 머물러 있습니다. 우리의 교육과 학교가 변화한 사회에 맞지 않는 것입니다. 19세기 교실에서 20세기 교사가 21세기 학생을 가르친다는 말과 비슷한 현상입니다. 앞으로의 교육은 문화사회, 꿈의 사회에 맞게 학생들을 개별화 하는 교육을 해야 하고, 학생들의 상상력과 창의력을 자극해야 합니다. 이야기가 경제를 만들어 내고, 문화가 돈은 벌어들이고 삶의 질을 높입니다. 그래서 이야기 산업, 문화경제(culturenomics)란 말이 나옵니다. 해리포터가 이야기이고, 한류와 가수 비가 문화입니다. 이야기를 만들어 내야 합니다.

그런데 우리의 교육은 시험 선수를 길러 내고 있고, 기초가 없어 여기저기서 무너지는 소리가 들립니다. 오래 전에 교육붕괴, 학교붕괴, 교실붕괴라고 했습니다. 최근에 숭례문이 불에 타 무너졌다고 난리입니다. 마치 조상이 죽고 하늘이 무너진 것처럼 절망하고 있습니다. 성수대교가 끊어지고, 삼풍백화점이 무너지고, 대구 지하철이 폭발되고, 위도 앞바다에서 배가 가라앉고, 이천 냉장건물이 불타고, 태안 앞 바다가 기름바다가 되었는데 숭례문이라고 성할 수 있겠습니까? 오히려 지금까지 버텨준 것이 고마울 뿐입니다. 사고로 500여 명, 150여 명, 40여 명이 죽어가고도 아직도 정신 못 차린 결과입니다.

　　이렇게 무너지는 것은 우리나라의 윤리도덕, 교육, 기초가 무너졌기 때문입니다. 눈에 보이는 것만 쳐다보고 보이지 않는 이런 부분을 못 보는 것이 안타깝습니다. "교육이 바로 서야 나라가 산다." 교육이 바로 서지 못하면 앞으로 더 무너지고 더 희생을 감수해야 할 것입니다.

　　이 책은 15년 전 "교육이 바로 서야"를 교정하여 다시 출판한 것입니다. 그런데 15년 전이나 지금이나 달라진 것이 별로 없습니다. 이제라도 "교육은 바로 세워야 한다." 그 동안 이 책을 이용해준 독자 여러분께 감사합니다. 어떤 분은 저자도 모르는 사이 자신의 블로그, 카페에 이 책의 내용을 올려놓은 것을 보고 저자는 얼마나 감사했는 지 모릅니다.

2008. 11.

저자 주삼환

머리말

　교육이 바로 서야 나라가 바로 서게 됩니다. 교육이 무너지면 모든 게 무너지게 됩니다. 그래서 우리 선조들은 교육에 열성을 다했던 것입니다. 그런 결과 우리나라는 가난하지만 예의 바르고 순박하게 질서정연한 사회를 이루고 살아왔습니다. 그리고 금수강산 아름다운 환경을 보존하고 자손후대에 물려주면서 살아왔습니다.

　그러다가 산업화의 바람이 불어닥쳤습니다. 선진국들이 산업화에 이, 삼백 년 걸린 것을 우리는 30년 만에 달성할 수 있었습니다. 그것도 우리가 교육에 힘쓴 결과였습니다. 국민들이 경제개발정책의 말귀를 알아들을 수 있고 또 산업화를 위한 손기술 발기술이 교육을 통해서 뒷받침될 수 있었기 때문입니다. 남들은 이것을 '한강의 기적'이라고 했지만 사실은 '열성교육의 덕'이었습니다.

　산업화의 덕분으로 우리는 보릿고개를 넘기고, 갈비를 뜯고, 자동차를 굴리게 되었지만 반대로 많은 것을 잃었습니다. 물질을 얻는 대신 우리 한국의 좋은 정신을 많이 잃었습니다. 그것이 안타깝습니다.

　교육의 방향이 시대에 안 맞고 비뚤어져 가기 때문입니다. 지식정보사회에 맞는 교육을 하지 못하고 공장식 교육을 하기 때문입니다. 대량교육과 다량교육으로 학생들이 학교에서 인간 대접을 제대로 못 받게 되고, 많이 가르치고 많이 배우고도 실패하는 교육을 하고 있는 것입니다. 교육을 위해서 학생도 교사도 학부모도 나름대로 고생은 고생대로 하면서 그만큼 보람을 얻지 못하는 것입니다. 지식을 파편조각으로 쪼개어 공장식으로 분업·조립하는 교육을 하다 보니 인성교육이 안 되고 쪼개진 '인간 제품'이 나왔다고 한탄하게 된 것입니다. 할 수만 있다면 지금이라도 우리나라 전통적인 서당식 교육에 가까운 개별화되고 인간적인 교육을 해야 하는 것입니다.

지금 교육에 있어 열성인 우리나라 교육은 위기를 맞고 있습니다. 교육이 신뢰를 잃고 교육력이 먹혀들지 않고 있습니다. 시대에 안 맞는 교육, 학생과 학부모, 국민의 욕구를 채워주지 못하는 교육을 하기 때문입니다. 철학 없이 교육개혁을 한다고 교육을 혼란으로 몰아넣으면서 교육 불신이 절정에 다다르게 된 것입니다.

그래도 우리는 교육을 포기할 수는 없습니다. 교육은 모든 것의 바탕이고 출발점이기 때문입니다. 교육을 바로잡으려면 시대정신에 맞는 교육을 해야 하고, 그러려면 지도자들이 교육의 방향을 제대로 잡아야 합니다. 그리고 교육자들의 교육력이 학생들에게 스며들 수 있어야 합니다. 교원들이 존경받을 수 있어야 그것이 용이해집니다.

이런 생각을 가지고 그동안 써서 교육신문이나 학술지에 실렸던 것들을 여기에 다시 모아 보았습니다. 교육에 관심 있는 사람이라면 누구나 읽기 편하도록 쉽게 쓰려고 했습니다. 여기저기 썼던 글을 모으다 보니 좀 중복되는 말이 있고, 좀 지난 이야기가 있음을 용서해 주시기 바랍니다. 또 이 책의 내용과 다른 생각을 가진 독자도 많이 있을 것입니다.

부족한 내용이지만 우리나라 교육을 바로 세우는 데 조금이라도 도움이 된다면 영광이겠습니다.

2002. 7.

저 자

차 례

1 교육은 국가를 지키는 최후의 보루_13

1 교육이 바로 서야 나라가 산다 · 14
2 국가 위기에서의 교육 · 25
3 교육은 국가를 지키는 최후의 보루 · 31
4 도덕성 위기 · 36
5 공부를 많이 가르치고도 실패하는 나라 · 40
6 국민교육을 어떻게 하자는 것인가? · 43
7 성숙 사회를 지향하는 교육 · 46
8 IMF쇼크의 교육적 극복 · 49
9 IMF 체제에 대한 교육적 대응 전략 · 57
10 교육위성방송, 전 국민이 내는 과외비 · 64
11 공부하겠다는 게 죄인가? · 67
12 실수의 교육적 활용 · 71
13 한국의 힘, 여성의 힘 · 77
14 배움을 사랑하는 사람들을 위하여 · 82
15 새 시대의 교육과 교육행정 · 89

2 문제는 교육의 방향감_93

1 한국교육의 고민 · 94
2 문제는 교육의 방향감 · 101
3 교육을 걱정한다 · 104
4 교육위기 극복의 길 · 110
5 공교육의 질 향상이 더 급한 과제 · 113
6 교육 생존전략, 질에의 승부 · 116
7 교원 우롱정책 · 121
8 교원과 교직을 보는 눈 · 125
9 이제는 교사와 교육을 제자리에 · 128
10 사립학교는 사립학교여야 한다 · 132
11 남교사임용할당제, 발상의 빈곤 · 135

3 철학 없는 교육개혁_141

1 역사의 문턱에 선 한국교육행정 · 142

2 철학 없는 5·31 교육개혁안 · 145

3 국민의 정부 교육개혁의 환상 · 148

4 교육구조와 문화의 개혁 · 151

5 교육난세, 교육본질로 극복을 · 154

6 개혁을 위한 개혁 아닌 교육의 본질추구부터 · 158

7 교원 정년연령 단축행정의 실패를 시인하고 환원하라 · 163

8 교육부총리제의 허상 · 169

9 교육인적자원부를 바꾸려면 · 173

10 교육인적자원부는 대학평가 기구인가? · 177

11 교육부의 교육청 평가, 정당화될 수 없다 · 180

12 교장 선출제의 비논리 · 185

13 교장은 노조위원장이 아니다 · 188

4 교원은 존경과 자존심을 먹고 산다_191

1 교원은 존경과 자존심을 먹고 산다 · 192

2 제자를 두려워하는 교사 · 196

3 분리와 경쟁보다는 통합과 협동을 위한 교육 · 202

4 용기 있는 교육 · 206

5 민주 법치국가에서의 인권과 교권 · 209

6 흔들리는 교원양성체제 · 212

7 교원평가의 교육적 논리 · 215

8 교장의 리더십 · 223

9 장학기능의 본질을 모르는 발상 · 227

10 기초학력 없인 창의성도 없다 · 230

11 학교문화 · 233

교육은 국가를 지키는 최후의 보루

1

교육이 바로 서야 나라가 산다

1) 우리나라는 교육을 가지고 살아가는 교육국가입니다

자연 자원을 별로 가지고 있지 못한 우리나라가 러시아, 중국, 일본 등 강대국들 틈바구니에서 나라를 빼앗기지 않고 살아가기 위해 우리 조상들은 교육에 힘써왔습니다. 자손들에게 교육을 잘 시켜놔야 어려움을 슬기로 극복해 나갈 수 있다고 굳게 믿었기 때문입니다.

세계적으로 고통을 많이 받은 민족일수록 대체로 교육열이 강합니다. 일본의 식민지에서 벗어나 독립하기 위한 방법으로도 우리 민족은 장기적 안목에서 교육을 전략으로 채택했습니다. 그래서 어린이 운동, 청소년 운동, 민족학교 운동 등 교육운동으로 일본에서 독립하려고 장기적인 독립운동을 했던 것입니다. 일본은 반대로 우리나라를 영원히 식민지화하기 위하여 식민지교육을 강화했던 것입니다. 이처럼 교육은 국가와 민족 생존의 마지막 수단이 됩니다.

유태인들도 교육으로 어려움 속에서 생존해 왔습니다. 독일이 한때 나라를 잃었을 때 그 원인을 피히테는 국민교육을 잘못했기 때문이라고 했습니다. 국민교육을 잘못하면 그 민족, 그 국가는 마침내

망하게 됩니다. 그래서 교육은 국가를 지키는 최후의 보루입니다.

반대로 독일의 몰트케라는 한 장군은 전쟁에서 승리하고 돌아왔을 때 시민들이 열어주는 개선 환영대회 연설에서 "우리가 전쟁에서 승리하고 돌아올 수 있었던 것은 장군인 나의 전략이 뛰어나서도 아니고, 나의 병사들이 용감하게 잘 싸웠기 때문도 아니고, 그것은 바로 저기 앉아 계신 초등학교 선생님이 국민(기초)교육을 잘해주셨기 때문입니다."라고 하면서 그 개선의 공을 초등학교 선생님에게 돌렸다고 합니다. 강도 높은 군사훈련도 결국 국민 기초교육이 튼튼하게 이루어졌을 때 가능하다는 의미입니다.

덴마크를 일으킨 것도 국민교육이며, 한때 멕시코, 네덜란드, 영국이 우리처럼 IMF 관리체제를 불러들인 것도 따지고 보면 궁극적으로는 국민(정신)교육을 잘못했었기 때문이기도 했고, 또 쉽게 어느 정도 이를 극복할 수 있었던 것도 국민교육의 수준이 높았기 때문이라고도 볼 수 있습니다.

우리가 교육에 힘써왔기 때문에 1960년대에서 1980년대까지 짧은 30년 동안에 '한강의 기적'이라며 국가 산업화의 목표를 달성할 수도 있었습니다. 산업화로 우리는 물질을 얻고 돈을 벌 수 있었으나 그때 우리는 동시에 많은 것을 잃었습니다. 한국인의 '정신'을 잃고, 윤리도덕, 교육을 잃었습니다. 짧은 기간에 너무나 빨리 모래성을 쌓다 보니 1990년대부터 모든 것이 무너져 내리기 시작했던 것입니다. 무너져 내리는 절정이 바로 1997년 IMF 관리체제였습니다.

지금 우리는 국가적 '교육적 위기'를 맞고 있습니다. 국가적 기초가 흔들리고 있습니다. 교육력이 믹혀들지 않고 있습니다. 교육의 장소가 난장판으로 바뀌고 있다고도 합니다. 당장은 혼란스럽더라도 어린이 교육, 젊은이 교육이 제대로 먹혀들면 우리는 참고 희망을 가질 수 있습니다.

그러나 교육이 제대로 안 되면 우리 민족의 앞날은 절망입니다. 정치인, 경제인, 기업인, 금융인, 때로는 군인과 경찰이 잠시 국민을 실망시키는 일이 있더라도 앞날을 짊어질 어린이, 젊은이의 교육만 제대로 시킬 수 있다면 언젠가는 나라를 튼튼하게 바로 세울 수 있다고 우리는 믿고 기다릴 수 있습니다. 그러나 교육이 손을 놓게 되면 희망도 없고 기다릴 것도 없게 됩니다.

2) 교육이 바로 서야 국가가 바로 서게 됩니다

교육이 흔들리면 정치도, 경제도 바로 설 수 없습니다. 교육을 바로 세워야 합니다. 교육국가 우리나라에서 교육이 무너지는 소리가 여기저기서 들립니다. 그런데 오늘 저는 아주 어려운 강연을 맡았습니다. 우리나라 전체 대학 총학장님들을 한자리에 모셔 놓고 발표할 때도 있었는데 오늘처럼 이렇게 어렵지는 않았습니다. 저는 지금 초등학생에서부터 학부모, 일반인, 교육계 선배이신 교장선생님들까지 한자리에 모셔 놓고 이렇게 강연하고 있으니 어렵지 않을 수 없습니다. 더구나 제가 초등학교 교실을 떠난 지 만 22년이나 되었으니 여기 앉은 초등학생이 제 말을 얼마나 알아들을 수 있을는지 심히 걱정이 됩니다.

그러나 여기 모이신 학생, 학부모, 교사, 교육행정가들이 먼저 하나의 팀이 되어 교육을 바로 세우기 위해 앞장을 서야 되겠기에 어쩌면 이렇게 여러 층이 한자리에 모이는 것이 더욱 의미가 있을 수도 있다고 봅니다.

이제부터 학생, 부모님, 선생님, 교육행정가, 정부에 대하여 각각 저의 간절한 호소의 말씀을 올리고자 합니다. 결론은 각자 제자리를 지켜야 교육이 바로 서고, 교육이 바로 서야 비로소 나라가 바로 서게 된다는 것입니다.

3) 학생 여러분, 그래도 공부하는 길뿐이 없습니다

어떤 사람은 공부가 다냐고 하지만 학생이 공부 이외 다른 일을 할 게 없습니다. 운동도 공부입니다. 공부는 여러분의 직업입니다.

저는 우리 학생들에게 모든 희망을 겁니다. 저는 우리 학생들이 예쁘고 기특하게도 생각됩니다. 선생님과 부모님들이 그렇게 많은 공부를 요구하는데도 그걸 다 참고 해내고 있으니 말입니다. 밖에 나가 놀고 싶고 텔레비전을 보고 싶을 텐데 그걸 다 참아내고 책상 앞에 붙어 있으니 말입니다. 어떤 때는 제가 시험문제 정답을 맞혀 보려고 해봐도 틀리는데 그 어려운 시험문제의 정답을 족집게처럼 찍어내는 학생들을 보면 선생님인 저는 여러분이 기특하고 신기하기도 해서 감탄을 하게 됩니다.

그렇습니다. 그래도 열심히 공부하는 학생에게 희망도 있고 장래도 있습니다. 어렵더라도 열심히 공부해서 여러분 자신도 잘되고 여러분의 부모님, 선생님도 좋고, 사회와 나라에도 도움이 되게 합시다. 교수인 저도 열심히 노력하여 지금 이렇게 여러분 앞에서 얘기도 하게 되고 행복하게 살고 있습니다. 저의 돌아가신 어머님께서는 제가 밤늦게 공부하는 걸 보시곤 "너는 박사까지 하고도 아직 공부할 게 남아 있느냐? 너는 언제 공부가 다 끝나느냐?" 하셨습니다. 공부는 끝이 없습니다. 평생을 두고 공부해야 합니다. 그래서 공부가 재미있어야지, 지겨운 게 되어서는 안 됩니다.

어렸을 때의 교육은 뭐니뭐니해도 기초를 튼튼히 하는 기초교육에 중점을 둬야 합니다. 기초가 튼튼한 사람은 언젠가는 빛을 볼 수 있습니다. 학문, 과학의 기초, 예·체능의 기초, 외국어와 기술의 기초, 무엇보다 사람 됨됨이의 기초, 윤리 도덕의 기초를 튼튼히 해야 합니다. 저도 열심히 공부하느라고 하기는 했지만 농촌학교, 농업고등학교를 다니고 또 초등학교 선생님으로 일하면서(약 15년) 야간대학과 야간대학원에서 공부하다 보니 학문의 기초를 튼튼히 하지 못해 지금도 기초가 부족한 것을 느낍니다.

기초를 튼튼히 하면서도 동시에 한두 가지 특성과 적성을 찾아 그것을 남보다 뛰어나게 발전시켜 나가야 합니다. 지금은 한 가지만 뛰어나도 세계적인 사람이 될 수 있습니다. 한 인간이 모든 것을 골고루 다 잘하기는 심히 어렵습니다.

그렇기 때문에 앞으로의 세상은 남과 잘 어울려 살 줄 알아야 합니다. 다른 사람과 협동해야 내 특성도 발휘할 수 있기 때문입니다. 가족, 친구, 선후배와도 잘 어울려야 합니다. 이런 때 우리나라에 '왕따' 이야기가 나오는 것은 참 불행한 일입니다. 부족해 보이는 사람, 외로운 사람, 장애 친구와도 잘 어울려 살아야 합니다. 그들로부터 많은 것을 배울 수 있습니다. 또 언젠가는 우리가 그들의 도움을 필요로 하게도 됩니다.

학생 여러분이 협동하여 스스로 공부하는 분위기도 만들어야 합니다. 다수의 착한 여러분이 학교 분위기, 학급 분위기, 수업 분위기를 바르게 잡아야 합니다. 한두 사람 때문에 많은 선량한 학생들이 피해를 보지 않게 노력해야 합니다.

평생에 존경하는 선생님을 한두 분이라도 모시게 되면 여러분은 일생을 살아가는 데 큰 힘이 됩니다. 선생님들이 다 훌륭하시지만 그중에서도 더 존경하는 그런 선생님을 찾아서 자주 상의를 드리는 게 좋겠습니다. 선생님에게서 지식만 배우지 말고 살아가시는 모습까지 통째로 배우는 게 좋습니다.

어렵더라도 ① 꿈과 희망을 가지고 열심히 공부하되, ② 기초에 힘쓰고, ③ 남과 다른 특성을 키우고, ④ 남과 잘 어울릴 줄 알고, ⑤ 다수의 착한 학생이 중심을 잡아야 하고, ⑥ 선생님을 존경해야 배울 수 있다는 말로 학생에게 드리는 말을 요약하겠습니다.

4) 학부모님 여러분, 자녀교육과 국민교육을 시키려면
선생님들을 존경하는 척이라도 하여 주십시오

학부모님들이 요즈음 매스컴에서 접하시는 것처럼 지금 학교에서는 선생님의 교육력이 학생들에게 먹혀들어 가지 못하고 있습니다. 부모님들의 경우 몇 안 되는 자기 자녀들을 통제하지 못하는 가정도 많은 실정이듯 지금 학교에서도 교사들이 가르치는 학생들을 통제하지 못하고 있습니다. 교사의 권위가 날개 없이 추락하고 있습니다. 과거 군사부일체의 전통적 권위를 전문적 권위, 민주적 권위로 대체하지 못하고 있기 때문입니다.

또 산업사회의 거친 교육여건을 지식정보사회의 질 높은 교육환경으로 바꾸지 못해 교사는 학생을 더 이상 가르칠 수 없는 지경에 이른 곳도 많다고 합니다.

학부모님, 최소한 자녀들 앞이나 남들 앞에서는 선생님들을 존경하는 척이라도 해줘야 선생님들에게 아이들을 가르칠 수 있는 권위가 생기게 됩니다. 사회와 학부모들로부터 무시당하는 선생님들은 아이들을 가르칠 수 없습니다.

선생님들이 예뻐서 선생님들을 존경하는 척 해달라는 것이 아니라 선생님들이 가르치는 당신들의 자녀와 국민들이 예쁘고 귀중하기 때문입니다.

소수의 똑똑한(?) 학부모, 걸 넘는 학부모, 마치 전국의 학부모를 혼자 대표하는 양 매스컴을 독차지하는 소수의 학부모들 때문에 우리의 교육은 비뚜로 가고, 많은 학생들이 손해를 보는 일이 생깁니다. 이제는 침묵하는 다수의 옳은 생각을 가지신 학부모들이 우리의 교육을 바로 세우기 위해 목소리를 내주어야 합니다. 민주도 좋고, 평등도 좋고, 소비자·수요자 중심도 좋지만 이들 때문에 많은 교사들이 사기를 잃고 의욕을 잃고 있습니다. 삐뚤어진 학부모들이 당장 여러분들 자녀의 교육에 손해를 보게 하고 있습니다. 우리나라 전체를 보시고, 먼 훗날을 위해 과연 무엇이 옳은가를 잘 판단하시어 다수의 올바른 목소리를 내어 주십시오.

교사들은 존경과 명예, 자존심을 먹고 삽니다. 여기에 상처를 입으면 교사들은 교단에 서있을 힘조차도 잃게 됩니다. 이렇게 되면 교육은 더 이상 작용할 수도 없고 일어날 수도 없습니다. 존경과 명예, 자존심을 돈만으로 세워줄 수도 없습니다.

돈만 가지고 인간교육을 할 수 있다면 얼마나 좋겠습니까? 돈만으로 교육을 때울 수 있다면 아마 부잣집 자녀는 모두 훌륭하게 되었을 것입니다.

저는 학부모님들께 항상 죄스럽게 생각하고 있습니다. 교육행정을 공부하는 사람으로서 학부모님들에게 교육문제 해결방안을 시원하게 제시해 드리지 못하고 항상 부모님들에게 교육 걱정을 하시게 해드려서 말입니다.

오늘도 학부모님들의 교육 걱정을 시원하게 덜어드리지 못하고 교육을 바로 세우기 위해 부탁만 드리게 되었습니다.

첫째, 제발 자녀교육과 국민교육을 위해서 선생님들을 존경하는 척이라도 해 주십시오. 학부모와 교사가 서로 존경하고 존중해야 자녀교육이 가능해집니다.

둘째, 이제 침묵하는 다수의 올바른 학부모님들이 교육을 바로 세우기 위해 제 목소리를 내어 주십시오.

셋째, 선생님들은 존경과 명예, 자존심을 먹고 산다는 선생님들의 생리를 인식하시어 이에 상처가 가지 않게 하여 주십시오.

5) 선생님 여러분, 이승에서 대우 못 받으면 저승에서라도 수고했다는 소리를 들을 겁니다

저도 15년 동안 초등학교 교사를 하면서 속상하는 일을 많이 겪었는데 최근에는 더 심하다는 걸 잘 압니다. 하루에도 몇 번씩 교직을 때려치우고 싶을 때도 있었습니다. 실지로 저도 다른 직장을 찾아보기도 했었습니다. 마음을 돌리고 돌리다 교육행정을 공부하게 되었습니다.

선생님 여러분, 여러분 반의 아이들의 눈망울을 보십시오.

그 애들은 아무 죄가 없습니다. 속상하는 일이 있더라도 아이들을 위해 최선을 다해 주십시오, 국민을 위한다는 집단들이 국민을 실망시킨다고 우리 교육자들까지 국민을 실망시키지는 말아야 하겠습니다. 그리고 민족의 앞날을 위해서 여러분이 할 수 있는 범위 내에서 있는 힘을 다해 주십시오. 그러면 여러분들 제자가 다음에 커서 알아줄 것입니다. 또 제자들이 몰라주면 어떻습니까?

여기 앉아 계신 학부모님들도 자녀들로부터 효도받기를 일찌감치 포기하고도 자녀교육에 열을 올리고 있는데 지금 교사가 학생에게서 뭐 받을게 있겠어요? 그래도 열심히 자리를 지키고 교사의 본분을 지키고 제자와 교직, 교육을 사랑해 주시면 나중에 저승에 가시면 분명히 수고했다는 소리를 들으실 겁니다. 남이 알아주지 않더라도 우리 교육자들끼리라도 서로 위로해 주고 격려해 주면서 열심히 최선을 다해 살아가십시다.

선생님 여러분, 말 나온 김에 체벌, 촌지에 관한 문제는 이제 뿌리를 뽑읍시다.

선생님, 아직도 때리면서 아이들을 가르칠 기운이 남아 있습니까?

아이들은 당신의 제자이기 전에 남의 자식입니다. 그리고 학생들은 여러분의 학생이기 이전에 하나의 국민입니다. 그리고 과거에는 우리가 스승이었지만 지금은 우리가 스승이기 이전에 하나의 교육공무원이고 노조를 하는 노동자입니다. 교육공무원이, 노동자가 국민인 학생을 때려서 가르칠 수 있습니까? 사랑의 매, 초달 어쩌고저쩌고 하는 유혹에 넘어가지 마십시오. 교육을 못하고 포기하는 한이 있어도 애들을 때리면서까지 가르치려고 과잉 충성하지 마십시오. 때려서 가르치는 일은 그들의 부모에게 맡기세요. 그것도 얼마 안가 아동학대죄에 걸리게 될 판입니다. 여러분이 가르치는 학생 하나하나는 이 지구상에 하나밖에 없는 아주 귀중한 인격체입니다. 그 애들에게 매가 올라갑니까?

체벌 문제는 이제 이 시점에서 대한민국에서는 영원히 사라지도록 문제를 끝내야 합니다. 애들이 많아서 체벌 없이 가르칠 수 없다는 핑계도 더 이상 하지 마십시오. 애들 많고 적은 것은 정부가 해결할 일이지 일개 교육공무원인 교사가 걱정할 일이 아닙니다. 돈을 주무르는 일반직이 할 일이지 교사가 할 일이 못 됩니다.

촌지 문제로 세상이 그렇게 시끄럽고 교사들 체면이 그만큼 구겨졌으면 이제는 더 이상 더러운 소리 듣지 말아야 합니다. 이 정도로 촌지 교사로 범인 취급당하고, 모든 교사가 매도당하고, 교직 전체가 촌지문제로 흔들려 놨으면 교직 자체에서도 액수 고하, 선의 여부를 떠나서 엄격하게 다스려야 합니다. 감사의 표시도 모두 헛말입니다. 스승에게 감사하고 싶으면 졸업 후에나 하라고 하십시오. 감사, 촌지

어쩌고 하면 나에게 감사하기보다는 나를 우습게 여기고 무시하는 처사라고 생각하십시오.

교육을 바로 세워야 한다고 생각하시면 그래도 묵묵히 선생님의 자리를 지켜 주십시오. 그리고 차제에 체벌과 촌지는 그 용어, 말 자체가 대한민국 교육사전에서 아주 사라지게 하여 주십시오.

6) 교육행정가, 지도자 여러분, 교육의 방향을 바로 제시하여 주십시오

우리 민족의 장래를 생각하십시오. 교육이 나아갈 큰 방향을 제시하고 그 방향으로 교사와 학부모, 학생이 나아갈 수 있도록 정책과 행정을 펴주십시오. 아직도 우리 학생과 학부모, 교사들은 교육에 열심입니다.

교육에 열심인 것이 무슨 죄입니까? 학교에서 지겹도록 공부하고도 또 과외까지 하면서 공부하겠다는데 그게 무슨 범죄입니까? 고액이다, 과열이다, 치맛바람이라고 몰아붙여 착한 학생과 학부모들을 함부로 비난하고 혼내지 마십시오. 혼내려면 과외를 하게 만들어 놓고 치맛바람을 일으키게 만들어 놓은 정부와 관료들을 혼내십시오. 다른 나라에서는 학생들이 공부를 안 하려고 하고 학부모가 자녀들을 공부 안 시키려고 해서 문제인데 우리나라에서 교육에 열을 올리는 것은 아주 행복하고 유리한 조건입니다. 더구나 지식정보사회는 그 나라의 교육에 의하여 승패가 판가름나게 되어 있는데 열심히 공부하겠다는 것을 서꾸로 막으려고 하면 어떻게 되겠습니까? 과외가 나쁜 것이라면 제발 학생, 학부모, 교사로 하여금 과외 없는 세상에서 살 수 있는 사회를 만들어 주십시오.

교육행정가들이 정치 장단에 맞춰 춤을 추고 정권에 비위를 맞추다 보면 마침내 초라해지는 것은 교육행정가 자신들이고 무너지는 것은 교육뿐입니다. 교육이 정권유지의 시녀 노릇 하다가 교육의 나라 우리나라가 지금 교육위기를 초래했는지도 모릅니다. 정치논리, 경제논리로 교육문제를 처방하게 되면 병을 고치기보다는 오히려 병을 도지게 하고 몸까지 망가뜨리게 됩니다. 교육행정가는 장기적 전망에서 교육의 방향을 바르게 잡고, 정치 장단에 춤을 추지 말고 교육 고유의 장단을 만들어 내야 합니다.

7) 정부 당국은 교육개혁을 한다고 교육을 함부로 건드린 후 교육이 좋아졌는지, 나빠졌는지부터 먼저 정확하게 평가하여 주십시오

교실 붕괴·학교 붕괴·교육 붕괴가 엄살인지, 과장된 것인지, 자연발생적인 것인지 민족의 역사 앞에 엄정하게 평가하여 학생·학부모·교육자·국민이 교육에 대하여 믿고 안심할 수 있게 하여 주십시오. 어느 정권 때부터 교육이 좋아지기 시작했는지, 나빠지기 시작했는지 평가할 필요가 있다고 봅니다. 그리고 앞으로 교육이 나아질 것인지, 나빠질 것인지 올바르게 전망해야 할 것입니다.

대부분의 사람들은 "우리나라 교육, 이대로는 안 된다"는 판단을 하고 있는 것 같습니다. 지식정보사회에서의 교육 붕괴 현상을 심각하게 받아들이고 있습니다. 지식정보사회 고지 앞에서 교사들까지 동요하고 있습니다. 우선 교육 붕괴에 대한 응급조치를 하고 교육을 바로 세워 나라를 위기에서 구출해야 합니다. 이를 위해 정부가 앞장서야겠지만 우선 여기 모이신 학생, 학부모, 선생님, 교육행정가들부터 각자 자기 자리를 굳건히 지키고 제 할 일을 제대로 하여야겠습니다.

(2000년 스승의 날 행사 대전서부교육청 특강)

2

국가 위기에서의 교육

AD 70년 경 유태인들은 나라의 임종을 맞게 되었습니다. 예루살 렘성 밖은 모두 로마 군인들이 몇 겹으로 포위망을 치고 있었습니다. 나라의 운명이 꺼져가는 촛불의 신세였습니다. 나라가 망하는 것은 기정사실이 되었는데 문제는 나라의 임종을 어떻게 맞느냐 하는 것이었습니다. 성안에서는 나라의 지도자들이 이 문제를 놓고 회의에 회의를 거듭하고 있었습니다. 성안의 백성들은 그래도 지도자회의에서 좋은 안이 나오겠지 하면서 국가 운명의 마지막 결정을 이 지도자 회의에 기대를 걸고 있었습니다.

그러자 얼마 후에 뜻밖의 소문이 퍼지기 시작했습니다. 마지막으로 희미하게나마 희망을 걸었던 게 지도자회의였는데 그 지도자회의를 이끌고 있던 요하난 벤 자카이가 중병에 걸렸다는 것입니다. 백성들은 하느님까지 원망하게 되었습니다. 나라가 이렇게 위급한 지경에 이르렀는데 우리 유태인이 무슨 나쁜 짓을 했다고 우리의 지도자인 요하난 벤 자카이까지 중병에 들게 하는 거냐고 말입니다. 여기저기서 한숨 소리가 들리고 있었습니다.

얼마 후에 마침내 그 지도자가 돌아가셨다는 소식이 들려왔습니다. 성안은 온통 울음바다가 되었습니다. 이제는 지도자회의고 뭐고 모든 게 끝장이라고 했습니다. 며칠 후 장의행렬이 성밖으로 향하게 되었습니다. 이때 포위망을 치고 있던 로마 군인들의 제지를 받게 되었습니다. 군인들은 "이 성 밖으로는 개미새끼 한 마리 나가지 못한다"고 으름장을 놓았습니다. 이에 대해 유태인 장의행렬은 말합니다. "너희들은 우리 지도자가 돌아가셨다는 걸 모르느냐? 이 성안에는 묘지가 없다. 시체를 썩힐 수는 없지 않느냐?" 로마 군인들도 난처했습니다. 장례를 못 치르게 하고 시체를 썩히라고 할 수도 없고 성 밖으로 행렬을 내보낼 수도 없는 노릇이었습니다. 그래서 시체가 든 관을 칼로 찔러 보려고 했습니다. 유태인들은 눈물로 호소와 항의를 합니다. "아무리 망하는 나라라고 하더라도 돌아가신 분을 칼로 찔러 두 번 죽게 할 수 없다"고 말입니다. 그리고 "유태인 풍습엔 시체에 칼을 대지 못하게 되어 있다"고 했습니다(이건 어느 나라라도 그럴 겁니다). 할 수 없이 로마 군인들은 장의행렬을 최소 인원으로 줄이고 몸수색을 하여 무기가 될 만한 것은 모두 빼앗고 겨우 파고 묻을 수 있는 연장만 가지고 나가게 했습니다.

새벽녘에 묘지에 도착한 관 속에서는 살아 있는 요하난 벤 자카이가 나왔습니다. 요하난 벤 자카이는 그 길로 로마군 사령관을 만나러 갔습니다. 깜짝 놀란 로마군 사령관 베스파시안은 어떻게 이 밤중에 죽음을 넘어 이곳에 왔느냐고 물었습니다. 요하난 벤 자카이는 "황제 폐하, 우리 예루살렘성이 함락당한다는 것은 우리도 잘 알고 있습니다. 이제 성이 함락당하면 성안은 모두 불 질러지고 초토화되고, 로마 군인들의 군홧발에 모두 유린될 것입니다. 그래서 황제 폐하께 조국의 멸망 앞에 마지막 부탁을 하러 죽음을 넘어 이렇게 왔습니다." 베스파시안은 당황했습니다. "아니 난 일개 군사령관이

오. 폐하는 지금 로마에 계시오.” “아닙니다. 귀하는 분명, 황제 폐하가 되실 것입니다.” 군사령관은 폐하가 된다는데 그렇게 기분 나쁜 일은 아니었습니다. “도대체 나라의 멸망 앞에 마지막으로 부탁할 일이 무엇이오?” “폐하, 성안을 다 불태우더라도 하나 보존할 게 있습니다. 그 하나만을 보존해 주겠다는 약속을 해 주십시오.” “도대체 성안에 살려둘 게 무엇이오? 아, 당신 어머니를 살려 달라는 얘기겠지?” “아니오.” “그러면, 당신 처자식을 살려달라는 얘긴가?” “그것도 아니오.” “그럼, 도대체 그게 무엇이오? 아하, 당신들이 숭상하는 교회, 사원을 불태우지 말라는 얘기겠지?” “그것도 아닙니다.” “그러면 도대체 무엇이오? 나라가 멸망하더라도 남겨 놓고, 살려 놔야 할 게 말이오?”

여러분, 여러분이 망하는 나라의 지도자라면 적 장군에게 마지막으로 무엇을 부탁하겠습니까? “폐하, 집 한 채를 살려주시오. 큰집도 아니고 20명이 겨우 들어가는 작은 방 하나입니다.” 여러분, 이 방 한 칸이 무엇입니까? 학교입니다. 나라는 망하더라도 유태인의 교육은 계속되어야겠다는 것입니다. 이것이 유태인들 지도자회의의 마지막 결론입니다. 나라 이름이야 있든지 없든지, 나라 땅덩어리야 가질 수 있든지 없든지, 유태 정신만 교육을 통해서 계승될 수 있다면 나라를 다시 찾을 수 있다고 유태인들은 굳게 믿었던 것입니다. 20명씩만 그들의 지도자 랍비를 계속 길러낼 수 있다면 언젠가는 나라를 다시 세울 수 있다고 생각했던 것입니다. 그 뒤 베스파시안은 황제가 되었다고 하는데 그때의 약속이 이루어졌는지, 그 약속이 지켜졌는지는 잘 모르나 어쨌든 유태인들은 눈에 보이는 국토나 국호보다는 정신을 중시했고, 교육을 최우선시 했습니다. 그 결과 나라 없이 2천년 동안 갖은 고생을 하며 떠돌아다니다가 다시 모여 이스라엘이라는 나라를 다시 세우고 지금도 “눈에는 눈, 이에는 이”로 맞서며 큰소리치며 살고 있는 것입니다.

나라가 망하더라도 교육은 계속되어야 합니다. 이런 결론은 유태인뿐만 아니라 우리 조상들도 마찬가지였습니다. 우리가 일본에게 나라를 빼앗겼을 때 우리 조상들도 교육을 통해서 독립을 하려고 했습니다. 그래서 민족학교를 세우고, 어린이 운동, 청소년 운동을 일으켰던 것입니다. 그런데 우리는 교육을 통해서 우리의 힘으로 독립을 하지 못하고, 외세, 남의 힘으로 해방이 되었기 때문에 우리는 지금 남과 북으로 두 동강이 나 이 고생을 하고 있는 것입니다. 유태인은 자기들 힘으로 나라를 다시 세워 큰소리치며 살고 있고요. 여러분, 왜 우리가 남북으로 갈라져야 합니까? 가르려면 나쁜 짓을 한 일본을 갈라놔야지요. 우리가 독립운동을 할 때, 공산주의가 어디 있었고, 민주주의가 어디 있었습니까? 그때는 오로지 민족주의만 있었습니다.

여러분, 우리는 언젠가는 하나의 조국을 만들어야 합니다. 역사적으로 우리나라는 삼국시대도 있었고 이국 시대도 있었지만 우리는 모든 것이 하나인 단일민족입니다.

여러분 그러면 우리는 무엇으로 통일을 해야 합니까? 총알로 통일할 수 있습니까? 아니면 달러($)로 통일하겠습니까? 모두가 어려운 일입니다. 민족의 동질성 '교육'을 통해서 해야 완전한 통일이 됩니다. 우리는 물리적 통일보다도 먼저 정신적, 교육적 통일을 해야 합니다.

우리는 지금 전쟁 중에 있습니다. 일본과의 전쟁도 완전히 끝나지 않았습니다. 우리의 정신대 할머니들의 외로운 전쟁을 외면해서는 안 됩니다. 징용으로, 노무자로 끌려가 돌아가신 많은 영령들이 지금도 이국땅 하늘에 떠돌고 있습니다. 일본의 역사교과서 왜곡과의 전쟁도 계속해야 합니다. 이 끝나지 않은 전쟁이야말로 교육을 통해서 이겨내야 합니다.

남북간의 전쟁(6 · 25동란이란 것)도 끝난 것이 아닙니다. 휴전상태입니다. 휴전상태인데 우리는 지금 전쟁이 다 끝난 줄 알고 흥청망청하고 있습니다. 더구나 휴전협정에 우리 남한은 서명도 못한 상태입니다. 우리의 운명을 우리가 결정하지 못하게 된 입장입니다. 이 전쟁도 결국 앞에서 말씀드린 대로 교육을 통해서 휴전을 끝내고 통일을 이룩해야 합니다.

우리가 1960~1980년대 짧은 동안에 산업화를 이루어 비약적인 경제발전을 가져올 수 있었던 것도 밑바탕에서 교육이 떠받쳐 주었기 때문이었습니다. 교육의 힘으로 경제발전을 떠 받쳐줬으면 이번엔 반대로 경제가 번 돈으로 교육을 뒷받침해 줘야 하는데 경제가, 기업이 교육을 외면한 결과 우리가 1990년대 말 IMF 관리체제라는 위기를 맞게 되었던 것입니다.

IMF 위기와의 전쟁도 아직 완전히 끝난 것으로 생각해서는 안 됩니다. 또다시 마음이 흐트러지면 또 어려운 때를 맞게 됩니다. 이 IMF와의 전쟁도 교육전쟁입니다. 멕시코, 네덜란드, 영국도 여러 번 IMF를 맞았는데 궁극적으로는 교육으로 처방했다는 것입니다.

그러면 오늘 제 얘기의 결론은 무엇이겠습니까? 국가 위기의 극복은 교육이라는 것입니다. 교육은 모든 것의 출발인 동시에 최후의 보루입니다. 교육의 기초, 출발이 잘못되면 국가가 위기로까지 몰리게 됩니다. 그리고 국가가 위기에 닥쳤을 때도 교육으로 극복해야 합니다. 교육이 무너지면 그 나라는 영원히 망하는 것입니다. 정치인, 기업인이 우리를 실망시키는 일이 있더라도 우리교육자가 계속 정직한 어린이와 젊은이들을 교육시켜 내놓을 때 우리나라는 희망을 가질 수 있습니다. 유태인들은 2천년 동안이나 희망을 버리지 않고 노력하여 오늘날의 이스라엘을 만들지 않았습니까?

세계는 우리 민족을 유태인 다음으로 지독한 민족이라고 하면서 주목합니다. 유태인이나 우리나 교육으로 살아가는 나라입니다. 여러분이 이러한 교육의 중요성을 인식하시고 우리 충남대평생교육원에 입학하신 것을 진심으로 존경하며 환영하고, 또 축하드립니다. 여러 가지 어려운 점이 있더라도 여러분의 기력이 다하는 날까지 공부하실 것을 기대합니다. 그래서 끝나지 않은 전쟁들을 승리로 이끌고 세계 속에서 우리도 큰소리치며 떵떵거리며 살아가야 하겠습니다. 그리고 여러분 개인의 인생도 알차게 살아가셔야 하겠습니다.

여러분이 우리 충남대의 한 가족이 되신 것을 다시 한번 더 축하드리고 환영합니다. 감사합니다.

(2000년 1학기 충남대평생교육원 입학식 원장특강)

3

교육은 국가를 지키는 최후의 보루

교육은 국가를 지키는 최후의 보루이다. 교육이 무너지면 그 민족, 그 국가는 더 이상 기댈 곳이 없다. 한 가닥, 마지막 희망도 가질 수 없게 된다.

맨 앞에서 군인과 경찰이 총칼로 국가를 지키고, 그 뒤에서 기업가, 경제인, 금융인들이 돈을 가지고 지키지만 맨 마지막 요새는 교육자, 성직자, 정신적 지도자들이 교육과 정신으로 국가를 지키는 것이다.

독일의 피히테는 「독일 국민에게 고함」에서 독일이 망한 것은 국민교육을 잘못 했기 때문이라고 했다. 유태인들은 나라 땅덩어리야 있거나 없거나, 나라 이름이야 있든지 없든지 유태인 정신교육만 계속할 수 있다면 언젠가는 다시 나라를 세울 수 있다고 하여 2000년 만에 다시 이스라엘이라는 나라를 세워 지금은 큰소리치며 떳떳하게 살고 있다. 우리나라도 일본에게 나라를 빼앗겼을 때 우리 선조들은 어린이·청소년운동, 민족학교 설립과 교육 등 '교육'을 통해서 나라를 다시 찾으려 했던 것은 유태인들과 같은 생각이다. 갈라진 남북을 통일시키는 것도 총알이나 달러(돈)가 아니라 궁극적으로 교육을 통해서 해야 할 것이다. 덴마크를 부흥시킨 것도 국민교육이요, 멕시코, 네덜란드가 IMF 체제를 극복한 것도 근본적으로는 교육을 통해서라고 한다. 국가가 잘되는 것도 근본적으로는 교육 때문이요, 국가를 망하게 하는 것도 궁극적으로는 교육의 잘못 때문이다. 선진국들이 200년, 300년 걸려서 산업화시킨 것을 우리가 30년 만에 산업화에 성공할 수 있었던 것도 교육받은 인구가 많이 있었기 때문이다. 근본적으로는 교육 때문에 산업화가 가능했던 것이며, 이어서 반대로 우리가 IMF 체제를 맞게 된 것도 근본적으로는 도덕적 해이, 암기교육 때문이고, 지식 정보사회와 지구촌 국제사회에 알맞은 교육을 못했던 데 원인이 있었다고 한다면 이것 또한 밑바닥은 교육 때문인 것이다. IMF위기도 기업인, 금융인, 경제관료, 정치인들이 경제운용을 잘못했기 때문이라고 한다 하더라도 결국 이들을 잘못 길러낸 교육의 책임이라고 하지 않을 수 없다. 어느 나라나 국가의 위기를 교육을 통해서 근본적으로 극복하려는 교육처방을 내리는 것이 거의 상식이다.

그런데 우리나라가 어려운 시기를 맞고 있다면 더욱 교육에 힘을 쓰고, 교육에 더 투자하고, 교육을 더 존중하여 국가의 어려움을 교육으로 극복하려고 해야 할 텐데 반대로 여기저기서 지금 교육이 무너지고, 교육이 죽어간다는 소리가 들리고 있다. 교육이 살아나 국가의 위기를 교육으로 극복해야 할 텐데 교육마저도 위기를 맞고 있으니 실로 걱정이 아닐 수 없다. 국가와 민족의 장래를 걱정하는 올바른 정신을 가진 학부모, 시민, 국민, 어른, 원로가 나서지 않으면 안 될 교육위기, 국가위기를 맞고 있다.

지금까지 교사들은 교육시설·여건이 나쁜 가운데서 군사부일체(君師父一體) 권위주의를 가지고 과밀학급, 많은 학생들을 통제했었는지 모른다. 그런데 이제 교사의 전통적인 권위주의를 대체할 만한 전문적(專門的) 권위를 확보하지 못한 채 교사는 지금 통제력을 잃고 있다. 얼마 전까지만 해도 모두가 외동딸, 외아들에다 부모의 기 안 죽이기 가정교육 때문에 교사가 학생을 통제하지 못하고 가르쳐 먹기 어렵다고 한탄했었다. 아이들이 집에서만 왕 노릇하는 게 아니라 교실에서까지 모두 왕 노릇하려 하니 교실이 옛날 교실이 아니라고 했었다.

거기다가 몇 년 전부터 되지도 않는 열린 교육을 한다고 교실은 난장판이 되기 시작했다. 열린 교육이 무엇인지도 제대로 알지 못하는 상태에서 급조된 전국 획일의 열린 교육 강요로 교사들은 더욱 통제력을 잃고 우리나라 교육은 중심을 잃고 놀아나게 되었다.

거기다가 말뿐인 수요자중심교육, 학습자주도학습, 변질된 학교운영위원회로 우리의 교육은 완전히 중심을 잃게 되었다. 도대체 누가 우리나라 교육을 공급해주는 사람이고 누가 교육의 수요자인지 뒤죽박죽이 되었다. 교육정책가, 교육행정의 수요자, 고객인 교사를 만족시켜 주지 못하면서 누구보고 누구를 중심에 두고, 누구를 만족시키란 말인가? 교사, 교원은 교육정책, 교육행정의 수요자이고 고객이란 걸 교육행정당국자들은 알아야 한다. 얼치기 수요자중심교육이란 말로 모두가 교육의 주인 노릇을 하려고 하다 보니 교육도, 학교도 주인을 잃게 되었다.

교육청과 학교에 교육은 없고 돈 놓고 돈 따먹기 거짓말 평가(評價)만 보이게 한 것도 교육을 흔들어 놓은 원인이 되었다. 거짓말 자료준비, 거짓말 보고 대회, 교육청·학교 길들이기로 우리나라 교육의 질이 얼마나 발전하고 향상되었는가? 학생들을 가르치는 대신 거짓말 평가 자료를 복사해 놓는 것이 돈따먹기에 유리하다는 걸 교사라면 누구나 잘 알고 있다.

수업시간 보다 방과 후 활동, 과외활동에 흥청망청 돈을 쓰는 것은 또 무슨 정책인가? 모든 교육예산이 깎이고 중단되는데 방과 후 활동비는 처치 곤란할 정도로 쏟아져 나온단다. 본말이 뒤집힌 교육이 되고 있다.

대한민국 교육은 촌지로 누더기가 되었다. 농촌도, 벽지도 모두 촌지교사 천지인 줄 아는 모양이다. 비밀경찰을 풀어서 촌지교사를 잡아갈 일이지 학생, 학부모보고 자기들 스승을 고발하고 신고하라고 하는 나라가 이 지구상에 우리나라 말고 또 어디에 있단 말인가? 교육말세로다. 교사는 권위도, 자존심도 모두 내던져 버렸다. 이런 교육난국에 교사들은 학생을 못 가르치는 한이 있더라도 더 이상 일절 책잡힐 일을 하지 말아야 할 것이다.

교사의 교권은 체벌교사 문제로 날개 없이 추락하게 되었다. 많은 학생을 가르치면서 꾸중도 못하고 언짢은 소리도 못하게 되었다. 숙제도 내주지 못하게 되었다. 꿀밤이란 걸 줘도 학생들이 왜 때리느냐고 하면서 고개를 추켜세우고, 눈을 째려 뜬다는 것이다. 많은 학생들을 권위주의란 걸로 통제했었는데 이제는 속수무책이라 교육부재, 교육포기 상태이다. 이제는 체벌교사보다 교사가 학생, 학부모로부터 폭행을 당하고 경찰로부터 연행되는 문제가 두렵게 되었다. 이런 판에 교사들은 도대체 무슨 열이 나서 학생들을 때리면서, 혼내면서, 숙제까지 내주면서, 방과 후 활동까지 하면서 과잉충성을 하여 가르치려고 하는지 모르겠다. 교원을 노동자로 몰아 노조를 합법화하고, 정년을 단축하고, 학부모 비전문인의 평가를 받게 하고 처참하게 무시당하면서까지 학생을 때리고, 혼내고, 숙제를 내줄 열이 아직 남아 있단 말인가? 도대체 왜 '남의 자식을' 혼내면서까지 가르치려 하는가? 학생은 당신 제자가 아니라 남의 자식이고 수요자라는 것을 모르는 것인지? 국가와 민족의 장래를 걱정하는 사람들의 한숨소리가 높아지고 있다. 스승의 날과 스승이 사라진 지 오래고 노동자의 날 노동자만 남게 되었다.

　민심이반, 교심이반이 일어나고 있다. 명퇴 신청자가 많은 것도 교심이반 현상이다. 선생님들의 마음이 돌아선 지 이미 오래다. 아이들에게 뜨뜻한 점심이나 잘 먹여서 사고 없이 집으로 돌려보내기나 하자는 것이다. 이렇게 되면 결국 선량한 학생, 순진한 학부모와 국민에게 손해가 가게 되는데 이것이 안타깝고 불쌍하다. 이는 모두 일부 똑똑한 학부모 단체, 교사단체, 정치지도자, 교육행정지도자를 잘못 만난 덕분이다.

　이반된 교심을 가지고 무엇을 어떻게 개혁하겠다는 것인가? 이런 판국에 누가 더 이상 장단을 맞춰주고 누가 춤을 춰줄 것인가? 억지춤도 한도가 있는 것이다. 무서워하는 체하는 것도 한계가 있다. 교육은 국가를 지키는 마지막 요새이다. 이 마지막 요새가 무너지면 이 나라의 앞날은 더 이상 없다. 교육이 무너지면 경제도 정치도, 국방도 어렵다. 이미 무너진 요새를 회복하기에도 몇 십 년이 걸릴지 모른다는 것이다. 노동자들이 이 요새를 노동으로 구축할 것인가? 역사는 분명 이런 경고를 심판할 것이다.

(「새교육」 99. 2. 한국교총)

4

도덕성 위기

까딱 잘못하면 이 글도 종이와 시간만 잡아먹고 일종의 공해만 일으킬 가능성이 높다. 이미 다른 사람들이 말이나 글로 떠들어댄 수준을 뛰어넘기 어렵고, 또 좀 색다른 말을 한다고 해도 독자들이 읽는 것으로 끝나버리고, 실천으로 옮기지 않으면 공해를 일으켜 남에게 해를 끼치는 결과가 되기 때문이다.

도덕이란 인간으로서 마땅히 지키고 실천해야 할 도리이며 삶의 규칙이라고 할 수 있는데, 이러한 도덕적 품성과 덕성을 도덕성이라고 할 것이다. 바람직한 것으로 받아들이는 보편적이고 이상적인 가치가 시대와 장소에 따라 다를 수 있으므로 시·공에 따라 도덕률과 도덕성이 다를 수 있으나 근본적으로는 '인간의 도리'이므로 시간과 장소를 추월할 수 있다고 본다.

어떤 나라에서는 신사도와 무사도, 시민정신이 그 사회를 떠받치는 기둥이 되기도 하였으나 우리나라에서는 예의가 도덕의 바탕이 되었다. 대표적인 것이 삼강오륜이었을 것이다. 이것은 결국 사람과 사람사이의 관계를 다룬 것이다. 사람은 관계 속에서 존재하여 관계

속에서 살아야 하기 때문에 예의가 필요하고 도덕이 중요한 것이다. 사람은 도저히 혼자서 존재할 수 없기 때문에 '인(人)'이 아니라 '인간(人間)'이며, '인'이 되라 하지 않고, '인간'이 되라고 하는 것이다. 사람은 남과 어울리지 않으면 도저히 사람으로서 사람답게 살아갈 수 없기 때문에 사람과 사람 사이에 도덕이 필요한 것이다. 그래서 도덕은 우리 인간에게 불편을 주기 위한 것이 아니라 인간이 어울려서 편리하고 인간답게 살아가게 하기 위한 것임을 알아야 한다. 그런데 사람과 사람 사이는 상대적이기 때문에 모두가 같은 생각을 하고 같이 지킬 때 편리해진다. 지금 도덕성이 떨어지니까 모두가 불편해져서 그 반작용으로 '도덕성 회복' 또는 '도덕성 함양'이 강하게 대두되는 것이다. 모두가 사람이 아니라 짐승같이 살고자 한다면 도덕성 이야기가 나오지도 않을 것이다. 역시 사람은 사람답게 살고자 하는 잠재태(潛在胎)를 가지고 있는가 보다. 이 도덕적 잠재태를 싹 틔우고 곧게 자라게 하는 일이 '함양'이고 '교육'일 것이다.

우리 사회에 왜 도덕성이 떨어지게 되었는가? 아마도 여러 가지 이유가 복합적으로 얽혀 있을 것이다. 첫째, 해방과 전쟁, 혁명 등 급격한 변화와 30여 년간의 갑작스런 산업화 과정에서 물질적 가치가 도덕성과 관련된 정신적 가치를 누르고 지나치게 중시된 데 하나의 원인을 찾아볼 수 있다. 그러면 세계의 모든 산업사회는 모두 도덕성이 결여되었는가? 그렇지는 않을 것이다. 선진 산업사회에서는 흔들리지 않는 튼튼한 도덕적 기반을 갖고 있고, 또 이 기반 위에서 산업화와 물질적 풍요를 누리고 있다. 우리는 너무나 갑작스런 변화 속에서 도덕성마저도 갑자기 곤두박질친 것이다. 전적으로 지난날 저지른 우리의 과오라고 하지 않을 수 없다.

둘째, 산업화와 관련되지만 특히 도시화로 사람들이 집중되면서 익명성의 보장으로 사람과의 관계가 나빠져 도덕성이 저하되는 측면도 있었다. 도시화는 편리한 점도 있지만 동시에 많은 문제점도 내포하고 있다. 그중에서도 가장 중요한 것이 사람 사이의 관계를 규정하는 도덕성의 문제이다.

셋째, 산업화, 도시화와 연결되어 핵가족화로 가정의 교육기능 약화를 도덕성 저하의 한 이유로 지적할 수 있다. 집안에 어른이 없어지고 부모들마저 바쁘다는 핑계로 자녀교육까지 포기하게 되었다. 어른이 어른 노릇을 하려면 고달프고 피곤하니까 일찌감치 어른이기를 포기하고 귀중한 자녀교육마저도 과외, 학원과 같이 돈으로 사려고까지 한 것이다.

넷째, 입시위주의 교육도 도덕성 타락의 원인으로 꼽지 않을 수 없다. 교육에서 쉽고 편하고 금방 결과가 나타나는 지식에 연연하는가 하면, 암기만 편식하고 사람 만드는 일을 게을리 한 것도 중요한 원인이다. 학년이 올라갈수록 지식은 늘어날지 모르나 도덕성은 반대로 떨어지는 현상이 벌어지고 있다. 아이들은 작은 잘못을 저지르고 어른이 되어서는 큰 잘못을 저지른다.

결국 우리는 이 시점에서 총체적 도덕성 위기를 맞고 있다. 이 위기를 현명하게 극복하지 않으면 안 된다. 한국인은 가까운 사람끼리는 간을 빼줄 정도로 친하나 낯선 사람에게는 친절하려 하지 않고 오히려 시비를 걸고 적대시하려는 경향이 있다. 혈연·지연·학연 등으로 맺어진 좁은 범위 안에서는 친절도 있고 결속도 있으나 조금만 낯설어도 배척한다. 약자에게는 강하고 강자 앞에는 비굴하게 약한지도 모른다. 세계화의 시대에 좀 넓게 사귀고, 인간적 도리를 하는 국제윤리와 국제도덕도 생각해야 할 때라고 본다.

마침 6차 교육과정에서도 '도덕적인 사람'을 인간사의 하나로 강조하면서 "도덕성과 공동체의식이 투철한 민주시민을 육성"하려는 지침을 첫째로 내세우고 있다. 이런 시점에서 우리는 과거 산업화, 도시화, 핵

가족화, 입시에 바빴던 그 몇 배의 노력으로 빨리 도덕성을 회복 또는
함양하고 또한 본래의 잠재태를 살려 살기 좋은 사회를 만들어야겠다.
　(개정판 교정을 보는 지금 우리나라 국보 '숭례문(崇禮門)'이 불에
타 무너졌다고 한다. 이는 건물이 무너지고 문화재가 무너진 이상
우리나라에서 '예(禮)'가 무너지고 윤리·도덕이 무너진 것이다).
(충남교육 제11호, 충남교육연구원 95. 3)

5

공부를 많이 가르치고도 실패하는 나라

중고등학생들이 피로도 안 풀린 채 졸린 눈으로 새벽에 학교로 간다. 그 순간부터 긴장의 연속이다. 교실에 들어오는 선생님마다 자기 과목이 중요하다고 하고 모두 시험에 나올 거라며 교과서를 모두 외우고 새까맣게 지우라고 한다. 딱딱한 의자에서 1분 1초도 한눈팔 겨를이 없다. 수업이 끝났다고 해도 자율학습, 보충학습이라며 밤늦게까지 붙들어 놓는다.

스파르타식이라 하여 아예 학교에서 먹고 자게 하는 학교도 있다. 좀 일찍 보내는 학교의 학생들도 학원이나 과외로 가야 하고 그게 끝나면, 독서실로 가서 또 책상을 지켜야 한다. 졸더라도 책상 앞에서 졸고 자더라도 책상에 엎드려 자야 한다. 방학이란 것도 모두 몰수당한 지 이미 오래다.

초등학생들도 학교에서 파하면 방과 후 활동을 하거나 과외·각종학원·학습시험지로 시달려야 한다. 심지어는 어린애들까지 유아원·유치원, 특기지도, 영어교실, 조기교육이란 명목으로 봉고차에 실려 다니며 거리에서 위험에 노출되어야 한다. 자녀 교육을 이렇게 남에게 맡겨 놓고도 안심이 되겠는가? 뱃속에서부터 교육을 시켜야 남보다 출발점부터 앞서고, 1등하고, 일류대학에 가서 남을 누르고 출세한다는 생각으로 가득 차 있다. 극성도 너무 극성이다. 세계에서 공부 많이 시키기로는 대한민국이 최고이다.

학생들이 학교에 가는 날짜수도 많고 학교에 머무는 시간수도 세계 1위이다. 책상 앞에 앉아 있는 시간수로 치면 분명 세계 챔피언 감이다. 사람이 일을 하거나 긴장할 수 있는 용량에는 한계가 있다. 왜 학생들에게는 그 용량을 무시하고 그리 잔인한지 모르겠다. 어른들도 하루 여덟 시간, 주 45시간 근무이면 용량에 넘친다고 하면서 어린이들은 왜 그리 과부하시키려고 하는지 모르겠다. 가는 전기 줄에 센 전압을 가하면 끊어지고 불바다가 된다는 것을 모른단 말인가? 욕심도 한도가 있어야 한다.

어린이의 용량, 발달 단계를 잘 연구하여 거기에 맞게 '교육인적자원부 시간배당 기준령'을 정하여 학교 정규수업을 하게 되어 있다. 그런데 정규수업 시간 자체도 다른 나라에 비하여 많은데 그 이상을 학교, 또는 가정에서 더 공부시키고 있으니, 이것은 아이들을 공부시키는 것이 아니라 아예 아이들을 질식시키고 있는 것이다.

학교 정규수업 그 이상으로 공부시키는 것은 모두 불법이다. 방과 후 특별 활동도 불법이므로, 특별 활동까지도 정규수업 시간 내에 해야 한다. 정규수업이라도 세계수준의 질 높은 수업을 하면 국제경쟁에서 우리는 결코 지지 않는다. 정규수업 시간 수 자체도 다른 나라보다 많고 또 우리 아이들이 다른 나라 아이들보다 결코 미련하지 않기 때문이다.

21세기 지식정보사회는 양이 아니라 질이라는 것을 알아야 한다. 정규수업의 질을 엉망으로 해놓고 야만스럽게 학생들을 학교, 책상 앞에 오래 잡아놓으려는 정책으로는 우리의 귀여운 아이들과 한국교육을 모두 망칠 수밖에 없다.

아이들은 공부도 시켜야 하지만 놀리기도 해야 한다. '소년이로학난성 일촌광음불가경(少年易老學難成, 一寸光陰不可輕)'도 진리이지만 '노세 노세 젊어 노세, 늙어지면 못 노나니' 또한 옳은 말이다. 그동안 그렇게 많이 공부시킨 것 지금 다 어디 갔는가? 많이 배우고 일류 대학을 나온 사람들이 국민과 인류를 위해 공헌도 많이 하겠지만 반대로 나쁜 짓, 부정부패도 더 많이 한다는 것도 알아야 한다.

공부를 많이 시키고, 돈을 많이 없애고도 실패하는 나라는 우리나라밖에 없다. 학교 폭력도 용량 넘치는 교육의 부산물이다.

덜 가르치더라도 똑똑히, 철저히 가르쳐 사람을 만드는 교육을 해야 한다. 많이 가르치려다 사교육비가 많이 든다고 나라가 온통 돈만 따지고 있는데 돈보다 더 중요한 것은 우리의 귀여운 자녀들이 교육으로 '간접살인'당하고 있다는 사실이다. 많이 시키고도 실패하는 교육을 하지 말고 아이들을 놀리고도 성공하는 교육을 해야 한다.

(대전일보 97. 7. 22)

6

국민교육을 어떻게 하자는 것인가?

독일의 피히테는 독일이 한때 망했을 때 국민교육을 잘못했기 때문이라고 했다. 개선 장군 몰트케는 시민 환영 대회 답사에서 자기들이 전쟁에서 이기고 돌아올 수 있었던 것은 병사들이 잘 싸워서가 아니라 초등학교 교사들이 국민교육을 잘해줬기 때문이라고 하여 개선의 공을 초등학교 교사에게 돌렸다.

유태인들은 나라를 잃더라도 유태정신 교육을 계속할 수만 있다면 나라를 다시 찾을 수 있다고 하면서 교육에 힘쓴 결과 오늘날의 이스라엘을 만들어 냈다. 덴마크를 부흥시킨 것도 국민교육이다. 그래서 교육은 모든 것의 출발점인 동시에 종점이다. 국가가 잘돼도 교육 때문이요, 망해도 교육 때문이다.

오늘날의 한국을 있게 한 것도 교육 때문이라고 한다. 교육받은 인구가 많이 있었기 때문에 경제개발이 가능했었던 것이다. 그렇다면 오늘날 우리나라의 경제와 정치가 밑바닥을 기고 다리(성수대교)와 백화점(삼풍)이 무너져 내리고 기차와 차들이 곤두박질치는 것도 모두 교육이 잘못되었기 때문이라고 할 수 있다.

그동안 우리나라 교육이 그만큼 거칠고 푸대접을 받아온 것이다. 우리나라 교육, 윤리, 도덕 수준이 그 정도밖에 안되는 것이다. 앞으로 정보사회, 지식사회는 교육이 모든 것을 좌우하게 된다. 그래서 미국, 영국도 모두 21세기는 '교육!', '교육!', '교육!'이라고 한다. 지금까지 한국 교육은 양적으로는 성공했으나 질적으로는 실패했다. 이제는 교육에 대한 높은 수준과 교육의 질에 국가의 운명을 걸어야 할 시점이다(이제는 지식정보사회를 너머 '문화·창조의 사회'가 도래했다고 한다. 문화사회에서는 더 교육이 중시 된다).

교육의 질을 좌우하는 것은 교사의 교육여건, 방향감, 리더십이라고 할 수 있다. 그중에서도 교사는 가장 중요한 요소이다. 교육의 질은 전적으로 교사의 손에 달려 있다.

그런데 얼마 전에 어느 한 교사의 촌지 기록부란 것이 모든 언론매체를 통해 알려지면서 세상이 온통 들끓었다. 루주와 손수건이 몇 십 개 나왔다고 하면서 세상의 모든 교사가 다 썩은 것처럼 몰아붙였다. 그런데 이것이 과장 보도였다는 사실을 아는 사람은 극히 드물다.

그로 인해 30여 년 교직에 헌신해온 한 교사는 무참히 매장당하고 전국의 수많은 교사들은 수치심으로 고개를 못 들고 다니게 되었다. 정부는 모든 교사를 죄인 다루듯 몰아붙였다. 무슨 자정대회·결의대회를 하라고 했다.

그것도 부족해 특별 신고전화를 설치해 놓고 학생들, 학부모들에게 촌지교사·부정교사를 고발하라고 하였다. 세상에 제자보고 스승을 고발하라고 하는 나라가 어디 있단 말인가? 이것도 윤리가 땅에 떨어진 증거이다.

촌지교사, 부정교사를 잡으려면 암행감사 반원을 풀든지 아니면 비밀경찰을 동원해서 할 일이지 자신의 제자, 학부모들에게 교사를 고발 신고하라고 해야 되겠는가? 도대체 가만히 앉아 신고 전화를 받아서 몇 명의 교사를 잡아들여 처벌하였는지 국민 앞에 밝혀야 할 것이다. 편히 앉아서 범인을 잡겠다는 관리들에게 국민을 위한 일을 맡길 수 있겠는가?

촌지·부정·무능교사는 엄격히 그리고 조용히 처벌되어야 하며, 다른 많은 훌륭한 교사는 보호되고 존중되어야 한다. 그들이 예뻐서가 아니라, 자기 자식과 국민들을 가르치기 위해서이다. 교사들이 제자들과 국민들 앞에 떳떳하고 당당하게 설 수 있을 때 그들이 하는 교육이 참될 수 있다.

교사들이 열심히 국민교육에 충성을 다하려고 하다가도 이런 일이 있고 나면 맥이 빠지고 분노마저 느끼게 된다. 앞으로 자식교육과 국민교육을 교사들에게 맡기려거든 제발 아이들 앞에서 존경해주는 척이라도 해야 할 것이다.

그리고 학교교육 이전에 가정교육이 먼저 바로 서야 한다. 부모가 부모 노릇을 제대로 하고, 어른이 어른 노릇을 바로 해야 교육과 윤리·도덕이 바로 서고 정치·경제·사회·국가가 바로잡히게 된다. 국민교육을 어떻게 할 것인가를 멀리 보고 정책을 세워야 할 것이다.

(대전일보 1997. 8.)

7

성숙 사회를 지향하는 교육

우리는 지난 30여 년 동안 산업 사회에서 부지런히 바쁘게 일하여 이제 풍요롭게 살고 있다. 지금도 어렵게 사는 사람들도 많고 경제가 어렵다고는 하지만 버리는 물건이 많고, 쓰레기가 넘치고, 백화점 세일에 교통이 막히는 것을 보면 예전에 비하여 분명 살기 좋은 나라가 된 것은 틀림없다. 튼튼하고 좋은 옷을 입고 편리한 고층 아파트와 주택에서 갈비를 뜯고 있으면서도 우리는 왜 이리 불안할까? 지금 내가 불량식품, 의약품을 먹고 있어 언제 몹쓸 병에 걸릴지도 모르고, 언제 교통사고 · 폭발 사고 · 붕괴 사고로 죽을지도 모르니 불안할 수밖에 없지 않은가? 아이들은 공부와 시험 경쟁에 시달리고, 형님 · 언니 · 삼촌은 바늘구멍 직장 찾느라 지치고, 엄마 · 아빠는 언제 직장에서 밀려 나갈지 몰라 불안해하고, 할아버지 · 할머니도 미래가 보장되지 않아 마지막의 생도 편안히 마칠 수 없다. 이런 상황에서 기름진 고기와 번쩍이는 네온사인이 무슨 의미가 있겠는가? 우리는 이 고비를 빨리 뛰어넘어 보다 더 성숙한 사회를 이루어야겠다. 겉으로 선진이 아니라 속으로 알찬 성숙 사회를 지향해야겠다.

1) 인간을 존중하는 사회

성숙사회라고 해서 이상한 별난 사회라고는 생각하지 않는다. 인간이 존중받으며 남과 어울려 안정되게, 아름답게 사는 사회를 성숙사회로 그려본다. 성숙사회로 가려면 우선 기본이 되어 있어야겠다. 기본적으로 인간의 생명이 존중되어야 한다. 인간의 생명보다 더 귀중한 것은 없다. 아무렇게나 사람이 죽고 있다. 그것도 토막 나서 죽고 있다.

여기에 어린이, 청소년까지 살인의 주역을 담당하기도 한다. 교육 중에서 가장 중요한 교육이 생명존중 교육이다. 인간뿐만 아니라 동·식물·미물의 생명까지도 존중하는 철저한 교육을 해야겠다. 어떤 나라에서는 생선이나 동물의 머리 부분만은 시장이나 가게에서 파는 것은 볼 수 없게 되어 있다. 인간에게 잔인한 모습과 처참한 부분을 보이지 않기 위해서라고 한다.

다음으로는 안전하게 살 수 있어야 한다. 자연적인 병으로 죽고 불구가 된다고 해도 인생은 짧고 억울하다고 생각하는데 사고로 인해서 죽고 다치는 사회가 되어서는 성숙사회라고 할 수 없다.

가정과 학교에서 안전교육에 완벽을 기해야겠다. 산업화, 근대화, 현대화한다고 하다가 너무나 많은 사람이 죽고 다쳤다. 사람의 생명과 안전을 해치면서까지 돈을 벌겠다는 생각이 조금이라도 용납되어서는 안 되겠다.

2) 모든 사람의 인격이 존중되어야 한다

특히 약자로 생각되는 사람들의 인격이 존중될 수 있어야 성숙사회이다. 옛날 같으면 사형을 받아야 할 죄수들의 인격까지도 존중되고 사형제도를 없애는 판인데 죄 없이 살아가는 착하고 진실한 사람들의 인격이 조금이라도 손상되어서는 성숙사회를 지향한다고 할 수 없다.

남의 인격을 존중하는 기본적 교육이 앞서야 한다. 이러한 기본과 함께 안정되게 살 수 있어야 한다. 미래가 예측 가능한 사회가 돼야 한다. 하버드대학 교육가족이 추고하는 핵심가치의 첫 번째가 남을 존중하고 인정하는 것이다.

열심히 공부하고 일하면 미래가 보장될 것이라고 믿을 수 있어야 하며, 국민이 자기 일을 하면서 편안하게 안심하고 살 수 있어야 하겠다.

3) 자아실현 도와줘야

이제 남과 자연·우주와 어울려 더불어 살려면 법과, 질서, 윤리와 도덕이 통해야 한다. 남에게 피해를 주면서까지 잘 살려고 하는 생각 자체를 못하게 되어야 할 것이다. 법과 질서, 윤리와 도덕은 남과 어울려 다 같이 살기 위해서 잠재능력(潛在能力)을 최대한 발휘하는 속에서 행복할 수 있어야 성숙사회이다. 가지고 있는 능력의 꽃을 피울 수 없다면 좋은 사회라고 할 수 없다. 교육은 각자의 자아실현을 도와주는 데 초점을 맞춰야 한다.

혼란과 불안·불확실의 시기를 넘어 모든 국민이 각자의 능력을 최대한 발휘하며 아름다운 생각을 하고 아름답게 살아갈 성숙사회를 그린다. 대선주자들은 허황된 것을 늘어놓기보다는 기본을 제시했으면 좋겠다.

(대전일보 1997. 10. 20)

8

IMF쇼크의 교육적 극복

1) 교육 부도에 대한 경고 등

있어도 없는 체하고 숨겨야 하는데 괜히 선진국이 다된 것처럼 까불고 다니다가 톡톡히 당한 것이 IMF 구제금융이다. 지금과 같은 마음과 태도로 우리가 정말 선진국이 될 수 있으며 또 기존 선진국들이 우리를 선진국 대열에 호락호락 끼워주겠는가?

화산이나 지진이 터질 때는 반드시 미진의 예진이 있는 것과 마찬가지로(하나의 사건이 터질 때는 300개의 잠재된 사고가 있다는 1 : 29 : 300의 법칙이 있다고 한다.) 농산물 개방, WTO 가입 때 금융개방은 이미 예고되었던 것이며, 외환 고갈은 최소한 1년 전부터 빨간불이 켜졌다는데 정부와 경제관료들은 이를 무시하고 무슨 배짱인지 몽매한 자기 국민들을 속이기에만 바빴다. 그리고는 한국은행 외환 금고가 빈 깡통이 될 때까지 경고성 충고를 실은 외국 언론에 대하여 오히려 모략이라고 비난하는 일에만 매달렸다. 그래서 정부는 국제적으로는 말할 것도 없고 자기 국민들에게도 신뢰를 잃었다. 몇 년 전에 매달리다시피 사정하면서까지 구소련에 돈을 빌려주었고, 북한을 도와주고 경수로 비용을 온통 뒤집어쓰겠다고 해서 국민들은 정부가 차근차근 통일비용이라도 외환으로 저축해 나가고 있는 줄로만 믿고 있었다.

그러다가 이 지경이 되고 보니 국민들은 무엇보다도 정부에 대한 배신감으로 분통을 터뜨리고 있다. 학생을 가르치는 우리 교육자는 여기서 교훈을 얻어야 한다.

국제전쟁의 제1라운드는 군사·정치전쟁이었다. 그리고 이제 국제 이목이 있어서 군사적·정치적 힘으로는 더 이상 다른 나라를 지배하기가 어렵다는 것을 깨닫고 강대국들이 제2라운드로 붙은 것이 경제전쟁이다. 정치적 국경은 인정해 줄 테니 대신 경제적 국경은 WTO로 모두 허물라는 것이다. 이것은 순전히 강자에게 유리한 강자의 논리이다. 우리는 경제전쟁의 문턱에서 싸워보지도 못하고 기절하고 말았다. WTO 구조에서 녹다운당한 것이다. WTO 체제에 맞게 구조개혁을 못했기 때문이다. 국내 게임도 제대로 안 해 보고 준비운동도 안 된 상태에서 국제 게임에 내몰려져 무릎을 꿇고 만 것이다.

그런데 이제 더 무서운 것이 남아 있다. 제3라운드인 교육·문화·예술의 전쟁이 우리를 기다리고 있는 것이다. 21세기, 새로운 2천 년대는 교육·문화의 시대로 예고되고 있다. 교육·문화는 우리의 정신세계이다(필자는 10년 전에 교육·문화의 시대를 예고 했는데 최근 문화·창조의 시대, 꿈의 시대(Dream Society)가 왔다고 한다).

교육·문화까지 강대국의 지배를 받게 되면 그때는 정말 끝장이다.

우리는 농산물 개방으로 우리의 광에 있는 쌀독을 열어 주었고 금융개방으로 우리의 지갑과 금고를 보여주었다. 이제 교육을 개방해야 할 차례가 되었다. 잘못하면 교육·문화에 해당하는 우리의 머

릿속까지 보여주고 그 안을 남의 것으로 채워야 할지도 모른다.

지금 우리의 교육은 국제경쟁력을 잃고 있다. 우리 교육에 빨간불이 들어온 것은 이미 오래되었다. 우선 초·중·고 보통교육에서부터 조기유학으로 남의 나라에 자녀를 유학 보내고 있는 실정이다. 자기 나라의 의무교육과 보통교육까지 안 받겠다는 것은 대한민국 국민으로 행세하기를 포기했다는 빨간불 신호이다. 초등학교 3학년부터 전 국민에게 영어를 가르친다고 하고 우리말을 배우기 시작하는 유아 때부터 성조기가 꽂힌 외국 영어학원에서 영어를 배우고 있다. 이런 현상을 사교육비 문제로만 설명할 수 있겠는가?(이명박정부 인수위원회는 한술 더 떠 '영어몰입교육'을 한다고 한다).

경제, 금융에만 구조개혁이 요구되는 것이 아니다. 학교와 교육에서도 구조개혁이 강력히 요구된 지 이미 오래되었다. 이 빨간불을 무시하면 무서운 학교도산, 교육부도를 맞게 된다. 교육구조 개혁(재구조화)만으로 성공할 수도 없다.

새로운 구조를 받아들이고 성장시킬 만한 문화가 형성되어야 하는 것이다. 이것이 구조개혁 다음으로 힘써야 할 문화개혁이다. '더 많이 주의'의 (1) 양의 구조에서부터 정보화시대에 맞는 (2) 질의 구조로 바꾸는 동시에 이 구조를 생존·발전시킬 수 있는 (3) 문화개혁이 따라붙어 줘야 한다.

경제부도에 이어 교육에도 부도 경고등불이 들어왔다. 다음에서는 IMF쇼크의 교육적 극복을 두 가지 측면에서 살펴보고자 한다. 하나는 학생교육의 측면이고, 다른 하나는 교육과 교육행정구조 개혁의 측면이다.

2) 학생교육을 통한 IMF쇼크의 교육적 극복

국민교육과 학생교육을 맡은 우리로서는 우선 교육을 통해서 IMF 구제금융시대를 극복하려고 해야 한다. 이것은 그동안 당연히 했어야 할 것을 좀더 철저히 하자는 것이지, 하지 않던 것을 새롭게 하자는 뜻은 아니다.

무엇보다 먼저 절약·검소·저축교육을 철저히 해야 한다. 그동안 낭비가 너무 많았다는 것은 모두 인정하는 바이다. 옛날 새마을 운동을 할 때보다 더 철저한 절약·검소·저축정신이 요구된다. 유의해야 할 점은 강제가 아닌 자발성에 따라 내면적 변화를 일으켜야 한다는 것이다. 또 교사가 모범을 보여야 하므로 교사교육부터 착수해야 한다.

특히 외제물건, 로열티를 지불하는 물건, 외화와 직결된 물건의 사용을 자제하는 능력을 길러줘야 한다. 이 점에 대하여는 교육적 책임이 크다고 본다. 청소년들의 무분별한 외제선호 성향에 대하여 그동안 교육은 포기상태였다고 할 수 있다. 외제물건의 소지 자체를 부끄럽게 여기는 풍조가 학생들에게서 시작하여 전 국민으로 퍼져 나가게 해야 한다.

둘째, 교육에서도 거품을 빼야 한다. 가르치는 시간도, 배우는 내용도 너무 많다. 쓸데없는 지식을 너무 많이 가르치고 또 너무 많이 배우고 있다. 생활에 필요한 기초교육 내용 중심으로 교육과정 내용을 대폭 줄이고 그 대신 철저히 몸에 밸 수 있도록 가르쳐야 한다. 과외활동, 특별활동까지도 정규 수업시간에서 소화할 수 있도록 조정해야 한다. 교육과정에서 거품을 제거해야 한다. 과외가 필요 없게 되고, 더 이상 사교육비가 필요 없게 되어야 한다. 과외의 거품을 제거해야 한다. 학생들에게 꼭 필요한 것만 배우고 남은 시간에는 좀 놀고 운동할 수 있는 시간을 갖게 해주어야 한다.

우리나라의 보통교육, 대학의 학부교육도 외국 유학을 가게 만드는 교육의 거품을 제거해 줘야 한다. 특별한 전공 이외에는 대학까지는 좋든 싫든 우리나라 교육을 받아야지 보통교육에서부터 남의 교육을 받게 해서는 안 된다. 우리의 교육을 우리가 책임져야지 남의 나라에 맡길 수는 없다. 교사자격증도 없는 원어민에게 귀여운 우리 자녀의 교육을 맡길 수는 없다. 원어민을 수입해서 외화를 낭비하는 정책은 수정되어야 한다. 영어를 전 국민에게 가르칠 필요는 없다. 영어를 많이 쓸 사람만 철저히 가르치면 된다.

셋째, 철저한 경제교육을 강조하지 않을 수 없다. 이는 첫 번째의 절약·검소·저축교육보다 한 차원 더 높은 수준의 경제교육을 의미한다. 생활 속에서도 경제성을 철저히 따져야 한다. 어려서부터 대충대충 사는 습관을 길러 줘서는 안 된다.

넷째, 국제이해 교육을 강조하고자 한다. 영어다, 세계화다 하여 말로만 떠들지 말고 차근차근 국제이해, 국제문화에 관한 교육을 해야 한다. 영어를 잘하느냐 못하느냐보다는 다른 나라의 문화를 이해하고 국제도의와 예의를 지키는 일이 더 중요하다. 우리는 지금 국제 신의를 잃어버려서 꼼짝달싹 못하게 되었다. 적당히 물건을 만들어 팔아먹고, 관광 가서는 자기 돈을 펑펑 써주고도 욕을 얻어먹고 다녔다. 대신 우리나라에는 관광객의 발길이 끊어지고 있다. 국제사회에서 신의를 잃어버린 탓이다. 어렵게 사는 연변 우리 민족에게까지 사기치고 다녔으니 한국이 고립되지 않겠는가? 우리나라에 와서 일하고 있는 외국인들에게 인간대접을 안 해줬으니 한국이 국제적 인심을 안 잃겠는가?

마지막으로 윤리·도덕교육을 강조하지 않을 수 없다. 먼저 믿음을 주고받을 수 있어야 한다. 믿음이 깨어지면 정치·경제·교육 이 모든 것이 끝장이다. 정부가, 관리가, 기업체가, 신용을 생명으로 하는 금융기관이 '양치기 소년'이 되는 바람에 국제적으로, 또 국내적으로도 믿음을 잃어 막다른 골목에까지 이르게 된 것이다. 관리들이 자기 나라 국민은 속였지만 냉엄한 국제사회는 속이지는 못했다. 정직, 투명성 신인도가 얼마나 중요한지를 철저히 배워야 한다.

정치, 경제, 교육 이전에 도의와 윤리를 철저히 가르쳐야 한다. 경제가 부도나기 전에 도덕이 부도나고 윤리가 부도났다. 국가가 쓰러지고 있는데 그 속에서 매점매석하고 환치기나 하고 있으니 이들을 같이 사회를 이루고 사는 사람들이라고 할 수 있겠는가?

학생교육을 통한 IMF쇼크의 교훈에 대하여는 이 정도로 줄이고 교육의 구조개혁적 측면에 대하여 좀더 다루어 보고자 한다.

3) 교육 구조개혁을 통한 IMF쇼크 극복

먼저 지금은 학교수준, 학년, 학급의 집단·대량교육 구조로 되어 있는데, 학생 한 사람 한 사람에게 초점을 맞추는 개인 중심 교육구조로 개혁해야 한다. 개성 존중으로 학생 각자가 자신의 능력을 최대한 발휘할 수 있어야 우리 교육도 국제경쟁력을 갖추게 된다.

교육구조를 양 중심에서 질 중심으로 개혁해야 한국교육은 살아남을 수 있다. 암기 중심, 입시 중심 교육구조에서부터 창의성, 정보교육구조로 빨리 개혁을 하지 못하면 한국교육은 도산하고 말 것이다. 산업사회에서는 대충 교육받은 많은 인구를 가지고 버틸 수 있었지만 정보사회에서는 고도의 질을 보장하는 정성교육이 되지 않으면 안 된다.

초·중·고 학교간, 학년간, 학급간, 학생들 간에 있는 많은 칸막이와 계단, 장애물을 없애고 학생들이 자유로이 이동하며 각자의 능력을 최고도로 발휘할 수 있는 구조로 빨리 개혁을 해야 우리 교육이 살 수 있다.

둘째, 교육행정구조를 지방분권, 자율학교, 학교책임 구조로 개혁해야 한다(오죽하면 이명박정부 인수위원회가 교육부 자체를 아예 없애버리려고까지 했겠는가?). 중앙교육부, 중간 지방교육청이 교육을 통제하던 시대는 이미 지나갔다. 중앙 통제식 한국교육은 실패할 수밖에 없다. 경제 관료가 경제를 망치듯이 교육행정관료가 한국교육을 부도낼 수도 있다.

지금 교육개혁이라는 미명하에 전국에서 획일적으로 한국교육을 망치고 있다. 전국을 획일적으로 학교평가를 하여 차등 지원한다고 하여 한국교육을 황폐화시키고 있다. 열린 교육을 한다고 열린 교육 아닌 획일교육을 교육개혁이라는 이름하에 저지르고 있는 것이다.

교육 관료들이 중앙에서 교육을 통제하겠다는 발상 자체가 우리 교육을 부도내는 것이다. 학교 단위의 교육행정 구조로 바뀌고 교육행정의 중심이 교사, 학생으로 바뀌지 않으면 한국교육은 살아남을 수 없다. 교육은 교육논리로 풀어야지 경제논리, 경영논리, 경쟁논리, 정치논리로 풀어갈 수 없다.

셋째, 교육개방에 대한 생존전략을 세워야 한다. 교육을 닫아 놓아도 유학으로 보통교육까지 누수되고 빼앗기는 판이니 교육을 개방한다면 한국교육은 어떻게 되겠는가?

학원, 대학, 특수학교(예를 들면 예·체능학교, 장애인학교 등)를 외국인들이 세울 수 있게 되면 아마 한국학교는 살아남기 힘들 것이다. 교육식민지, 문화식민지가 되지 않는다는 보장이 없다.

오히려 교육의 나라 한국교육이 국제적으로 뻗어나갈 계획을 해야한다. 과거에 새마을 교육을 외국에 팔았듯이 한국교육을 외국에 팔수 있도록 체질을 강화해야 한다. 적극적으로 우리나라로의 유학생을 끌어들이고 외국에 한국학교를 설치하여 뻗어나가고 살아남아야 한다.

학생교육을 철저히 하여 IMF구제금융시대를 극복하는 동시에 교육과 교육행정의 구조개혁으로 앞으로 다가올 교육전쟁에서 한국교육이 최후의 승자가 되어야 한다. 그러나 교육에서도 신뢰체제가 깨어지고 있다. 한국교육행정이 조령모개의 대명사가 된 지는 이미 오래되었다. 이제 무엇보다도 먼저 교육의 신뢰체제를 복원, 구축해야 한다.

(새교육 1998. 2.)

9

IMF 체제에 대한 교육적 대응 전략

자연의 계절은 한여름을 맞고 있으며 엘니뇨의 이상 더위를 맞기까지 하지만 우리나라 살림의 계절, 우리나라 경제의 계절은 지금 엄동설한 IMF 한파를 맞고 있다. 모두가 꽁꽁 얼어붙고, 동파로 인하여 모두가 터지고, 물이 새고 있다.

하루에도 몇 백 개씩 기업체가 문을 닫고, 실업자가 몇 백만 명에 이르고, 노숙자들이 수천 명에 이른다고 한다. 당장 입에 풀칠을 하지 못하게 되자 생계형 범죄 건수가 늘어난다고 한다. 심지어는 IMF로 인하여 자살과 가족 방치, 살인까지 늘어나고 있는 형편이니 학교에 결식아가 늘어나고 낙향 전학 아동수가 늘어나는 것은 어쩌면 너무나 당연한 현상이 되고 있다. 최근 학부모들이 살아가기가 어려워지자 모두가 신경이 날카로워져서 화풀이, 분풀이의 대상을 애매한 학교로 돌리고 있다는 것이다.

학생들이 공부를 계속하지 못하게 되고, 학교를 졸업해도 취직을 못하고, 일을 할 수 있다는 희망조차 안 보이게 되자 의욕을 상실하고 좌절하게 되는 심리적 패배감도 큰 문제로 나타나고 있다. 이런 어려운 시기에 국가적 통합을 이루지 못하는 데 더 큰 문제가 있다. 정치가 민심을 이반하고 국민들에게 방향감을 심어주지 못하여 계속 국민들을 실망시키고 있다. 노와 사가 이 절박한 위기에도 한마음을 갖지 못하고 서로 딴마음을 먹고 있으니 안타깝기만 하다. 가진 자들은 IMF 한파와는 아무 관계가 없는 듯 다른 나라 사람들처럼 행동하고 있는 것 같아 가지지 못한 자에게 비치고 있으니 허리띠를 더 졸라매려고 하는 사람들을 더욱 맥 빠지게 하고 있는 것이다.

이렇게 어려운 때에 교육정책이 흔들리고 교육 관료들은 계속 교육현장을 실망시키는 일만 골라서 하고 있으니 이 또한 큰 문제가 아닐 수 없다. 모든 교원을 촌지 범죄자 취급을 하여 제자들에게, 학부모들에게 촌지교사를 고발하라고 고발센터를 설치해 놓고 있다. 세상에 제자나 학부모들보고 자기들 선생님을 고발하라고 하는 나라가 이 지구상 우리나라 말고 또 어디에 있단 말인가? 설치된 신고센터를 아직도 폐쇄했다는 소식은 없으니 이로 인한 물질적·정신적·심리적인 국가 에너지의 손실은 또 얼마나 될 것인가? 제자와 학부모의 고발 건수가 없자 이번엔 거꾸로 교사들이 촌지를 반환하거나 신고하면 성과급을 주거나 인사 혜택을 준다는 교육정책을 발표했다가 취소하기도 했다는 것이다. 대한민국이 이런 나라인가? 그동안 국가를 위해서 충성했던 교원들을 구역질나게 하고 있다. 55세~65세 교사를 우대는 못해 줄망정 깎아 내리거나 교직에서 쫓아낼 것처럼 위협을 주고 있으니 아이들에게 경로효친 교육을 어떻게 하잔 것인가? 명예퇴직을 신청하는 교사들을 모두 무능해서 교직을 조기에 떠나려 하는 줄 잘못 알고 있는 당국자들의 착각이 문제이다. 정부 정책이 아니꼽고, 미래가 불안해서, 정부를 믿을 수 없어서 떠나려는 교원이 많다는 것을 알아야 한다. 이들은 모두 나라가 어려울 때 교육을 통해서 국가를 일으켜 세웠던 국가의 건설자라는 것을 알아야 한다.

명예퇴직을 하는 교원들 중에는 자기들의 건강보다도 지금 대통령의 건강을 더 걱정하는 애국자들도 많다는 것을 알아야 한다.

지금과 같이 어려운 IMF 한파 비상시대에 온 나라 온 학교가 평가 열풍에 휩싸이고 있다. 모든 교육자들이 평가는 잘못되고 있다고 하는데 교육인적자원부 주변 사람들은 그것이 재미있다고 평가놀이를 즐기고 있으니 어찌된 영문인가? 거짓말 자료 만들기에 귀중한 수업이 희생되고 있다. 거짓말 교육을 강요받고 있는 셈이다. 차등지원 돈 따먹기 위해서란다. 아무 죄도 없이 차등을 받고 있을 어린애들과 그 학부모들이 불쌍하지도 않은가?

IMF 체제에 알맞은 행동을 해야 이 구렁텅이에서 헤어날 것인데 교육을 계속 구렁텅이 진흙 속으로 몰아넣고 있으니 문제이다.

세계에 많은 유명한 미래학자들이 있어도 한국에 IMF 한파가 몰아닥칠 것이라 예언하지는 못했던 것 같다. 그러나 최소한 1년 전에는 한국에 경고를 보냈던 것 같다. 한국의 경제가 위험하다고, 그때 우리의 지도자들은 그 경고를 무시하고 오히려 한국 경제의 기초는 튼튼하다고 방어하면서 오히려 우리를 모함하는 것이라고 그들의 경고를 비난하기에 바빴다. 그리고는 빨간 경고등불 밑에서 OECD 가입의 축배를 들고 있었다. 더구나 가만히 있는 영국을 들먹이며 영국을 제치고 7대 강국, 4대 강국에 낀다고 큰 소리 뻥뻥 치고 있었다. 그렇지만 자기 나라 국민은 철저히 속일 수 있어도 외국의 경제·금융·투자 전문가들을 속이지는 못하고 결국 우리는 IMF라는 지푸라기를 잡고 있는 신세가 된 것이다.

우리가 IMF 관리 체제를 불러들인 것은 너무나 당연한 귀결일지 모른다. 다리가 끊어지고, 백화점이 무너지고, 가스가 여기저기서 폭발하고, 기차와 비행기가 곤두박질치고, 배가 가라앉는데 한국호가 멀쩡하고 IMF 체제가 오지 않기를 기대하는 그 자체가 너무나 잘못된 것이다. 그리고 어떤 사람들은 말한다. 우리가 이 시점에서 IMF를 맞게 된 것은 신이 주신 은총이라고. 우리가 산업화에서 돈 좀 벌었다고 겁도 없이 까불고 큰소리친 죄과에 대하여 반성의 기회를 우리에게 준 것이 신의 은총이 아니고 무엇이 은총이겠느냐는 것이다. 지금 이 시점에서 IMF를 겪지 않고 나중에 더 많이 썩은 다음에 겪게 되었으면 더 큰 불행을 당하게 되었을지도 모른다는 것이다.

근본적으로 우리가 IMF 체제를 맞게 된 것은 윤리·도덕 바탕과 기본이 무너졌기 때문이라고 본다. 우리나라의 도덕적 해이, 도덕적 위기가 경제적 위기를 불러일으킨 것이다. 지금 도덕적 바탕을 바로 잡지 못하면 국가가 더 큰 위기를 맞게 될지도 모른다. 그러므로 이 IMF의 위기도 국가의 도덕적, 윤리적 바탕을 튼튼하게 하고 바르게 함으로써 극복할 수 있다고 본다(이러한 필자의 경고를 듣지 않은 결과 태안 앞바다가 기름바다가 되고, 이천의 냉동건물 화재사고로 40여명이 죽고, 숭례문이 화장 되었다.).

도덕적 회복은 교육을 통해서 가능하다. 가정교육, 학교교육, 사회교육, 교회의 교육 등 무엇이든 교육을 통해서 국민의 도덕성을 회복해야 국가의 위기를 극복할 수 있다. 그래서 역사적으로 볼 때 어느 나라나 국가의 위기를 교육으로 극복하려고 국가의 위기 때마다 교육에 더 정성을 쏟고 교육에 더 많이 투자를 했던 것이다.

피히테는 「독일 국민에게 고함」에서 독일이 망하게 된 것은 국민교육을 잘못했기 때문이라고 하면서 국민교육에 힘쓸 것을 외쳤다. 반대로 독일 장군 몰트케는 전쟁에서 승리하고 돌아왔을 때 시민들이 열어주는 개선 환영대회 답사에서 "우리가 전쟁에서 승리하고 돌아올 수 있었던 것은 나의 지략과 전략이 뛰어나서도, 나의 병사들이 용감하게 잘 싸워서도 아닙니다. 저기 앉아 계신 초등학교 선생님이 국민 기초교육을 잘해주셨기 때문입니다."고 하여 개선의 공을 초등학교 교사에게 돌렸다. 국가가 망하는 것도, 반대로 국가가 잘되는 것도 근본적으로는 교육 때문이요, 네덜란드가 한때 경제위기에 처해 있었는데 거기서 탈출해 나온 것도 교육의 덕이라는 것이다. 멕시코는 1988년 IMF 위기를 맞았을 때, 우리의 88올림픽을 보면서 우리를 부러워하고 한국에서 배우자고 하더니, 다시 1994년 위기를 극복하고 서서히 회복하면서 이제는 우리보고 멕시코 자기들로부터 한 수 배워 가라고 한다. 교육부 장관이었던 세디오 대통령은 IMF 위기를 인재양성을 위한 교육투자로 극복했다는 것이다. 유태인은 나라를 잃었어도 2000년 동안 유태 정신 교육을 계승하였기 때문에 다시 모여서 이스라엘이라는 나라를 세워 나라를 다시 찾을 수 있었던 것이다. 우리 조상들도 일본에게 나라를 빼앗겼을 때, 어린이 운동, 청소년 운동, 민족학교 설립과 운영, 교육을 통해서 독립을 찾으려고 했던 것이다. 남북통일도 군사력, 경제력으로는 완전한 통일을 이루기 어렵고 결국은 교육을 통해서 해야 하는 것이다. 어느 나라나 국가의 위기를 교육으로 대응하여 성공했던 것이다.

그래서 IMF를 맞아 모든 부문에서 졸라맨다고 해서 교육도 졸라매려고 하면 근본적으로 IMF에서 헤어나기 어렵게 된다. IMF 체제는 소극적이기보다는 적극적으로, 교육적으로 대응해야 한다.

교육적 대응전략으로 학생교육과 교육구조 개혁의 두 측면에서 제시해 보고자 한다.

먼저 학생교육 측면에서 윤리 · 도덕 기초 교육을 철저히 몸에 배게 해야 한다. 윤리 · 도덕적 기초가 되어야 올바른 정치인도, 기업인도, 금융인도, 경제 관료도, 교육 관료도 길러질 수 있다. 국가신인도도 교육을 통해서 회복해야 한다.

교육 측면에서 둘째, 올바른 경제교육을 강조하지 않을 수 없다. 현명한 소비생활과 경제 개념을 확실히 교육해야 할 것이다.

국제이해 교육, 어려운 처지의 사람과 어울려 살기 위한 협동과 통합을 위한 교육도 강조된다.

뒤늦게 교육에 경쟁의 불을 붙이려고 하는 것은 잘못이다. 지금은 경쟁이 아니라 협동과 통합, 팀 정신을 절실히 필요로 하는 때라는 것을 알아야 한다.

IMF 체제 극복을 위한 대응 전략 중 교육의 구조개혁의 측면에서는 첫째로 산업사회 양(量)의 구조를 지식·정보사회 질(質)의 구조로 개혁해야 한다. 먼저 교육과정의 양을 생활에 필요한 것을 중심으로 완전히 줄이고 대신 최소량을 최대한 철저히 교육하는 방향으로 가야 한다. 교육과정의 거품 구조를 제거해야 한다. 지금은 학교에서 쓸데없는 것을 많이 가르치느라고 아이들과 선생님들을 녹초로 만들고 있다. 물론 공부 시간도 가능한 한 줄이되 교육의 질, 수업의 질을 최대한 높이기 위해 노력해야 한다. 40분, 50분 수업을 세계 수준으로 높여 수업의 질을 갖고 세계 선진국과 경쟁할 생각을 해야지 아이들을 책상 앞에만 오래 잡아둘 생각을 해서는 안 된다. 우리는 지금 공부를 많이 시키고도 실패하는 교육을 하고 있다. 과외활동도 정규 수업 시간 내에서 하도록 하고, 근본적으로 과외와 사교육비가 필요 없게 해야 한다.

둘째, 산업사회의 유물인 분업과 집단 중심 교육구조를 통합과 개성 존중의 구조로 바꾸는 대응 전략이 요구된다. 초·중·고등학교로 분업하고, 학년, 학급으로 쪼개고, 수십 개의 교과목으로 쪼개고, 그것도 또 단원과 과, 시간으로 쪼개어 쪼개진 사이에 높은 칸막이를 해야 그것이 분업이고 전문화가 되어 교육이 잘 된다고 생각했는데 그 결과 학생들은 전인(全人)이 못되고, 그동안 쪼개진 인간만 길렀던 것이다. 이제는 지금까지 쪼개졌던 것을 어떻게 연결하고 통합하여 교육해서 통합된 인간을 길러내느냐에 노력해야 할 때이다. 그러려면 학생 한 사람, 한 사람에 맞추려는 개성 존중의 교육구조로 바꿔야 한다. 개성의 독특성을 존중하면서도 학생들은 팀으로 협동을 배우게 해야 한다.

셋째, 교육과 교육행정 구조를 분권화해야 한다. 이제 중앙집권화된 공룡 구조로는 교육도 더 이상 살아남을 수 없게 된다. 중앙의 작은 머리로 거대한 공룡의 몸통을 능률적으로 움직일 수 없게 된다. 교육부는 국가 교육의 방향을 연구하여 바로잡고 올바른 방향에서 권장하고 지원하는 기능과 역할만 담당하고 초·중등 교육은 시·도 교육청에, 대학교육은 각 대학에 완전히 차지할 수 있도록 맡겨야 한다(이는 꼭 10년 전에 쓴 글이지만 이명박정권 인수위원회의 방향과 일치한다.). 그리고 학교 책임경영제, 교사에 대한 권한 위임, 학생주도 학습으로 계속 권한을 밑으로 내려 보내야 한다.

우리나라의 IMF 체제는 우연히 맞닥뜨리게 된 것이 아니라 필연적인 것이었다고 봐야 한다. 모두가 해이해졌기 때문이었다. IMF 체제를 청산해야 하는 것도 또한 필연적인 사실이다. 이것도 근본적으로는 적극적인 교육을 통해서만 가능하다. 도덕적·정신적 해이는 교육을 통해서만 치유 가능하기 때문이다. 학생을 위한 학교교육과 국민을 위한 사회교육을 더욱 강조하고 교육에 더 많은 투자를 해야 한다. 이런 교육을 할 수 있도록 교육의 구조를 근본적으로 개혁해야 할 것이다. 근본적으로는 산업사회 교육구조를 정보사회 교육구조, 문화·창조사회 교육구조로 개혁해야 한다. 국내 교육독점 구조를 국제 개방구조, 다원구조로 바꿔 줘야 한다. 우리 앞에 IMF보다 더 어려운 시련이 다가올지도 모른다. 군사·정치전쟁, IMF·경제전쟁 다음에 교육·문화·예술·정보전쟁이 우리를 기다리고 있다. 최후의 승자가 되기 위해서는 교육, 교육, 교육뿐이다.

(「교육개발」 1998년 7월, 통권 114호, 한국교육개발원)

10

교육위성방송, 전 국민이 내는 과외비

정부는 공영 위성방송 두 채널을 활용하여 과외 방송을 시작하였다. 목적은 과외 사교육비를 줄이기 위해서이다. 방송을 시작하면서 정부는 긍정적인 선전을 많이 하였다. 얼마 지나자 여러 곳에서 부정적인 평가도 나오기 시작하였다.

부정적인 평가 내용은 과외 방송의 내용과 수준이 어렵다느니, 준비가 짧아 부실하다느니, 시청을 위한 설치비가 많이 든다느니, 시청하기 싫은 학생들에게까지 강제로 시청하게 하는 부작용이 있다느니 하는 것으로 요약된다.

위성 과외방송은 이런 부정적인 평가 외에 지금까지 언급되지 않은 보다 더 근본적인 문제를 갖고 출발하였다는 사실을 알아야 한다.

첫째, 과외를 없애야 할 국가가 사설 과외를 주도하고 있다는 데 근본적으로 문제가 있다. 국가가 사설 과외를 막을 길이 없자 아예 국가가 도맡아 과외를 하겠다는 의도를 들 수 있다. 국가는 정규 수업만 철저히 잘 할 생각을 해야지 과외까지 책임지려고 하는 발상은 그 자체가 잘못이다. 과외공부는 어디까지나 학생이나 하부모의 사적인 문제인 것이다. 사교육(과외)비를 줄인다는 명분으로 사적인 과외공부까지 국가가 독점하려는 엄청난 우를 범하고도 사교육비를 줄이는 목적조차도 달성하지 못하게 되고 오히려 방송과외를 듣거나 방송 교재를 공부하기 위한 과외를 추가하는 결과를 낳고 있다. 과외를 금지시키려고까지 하던 정부가 반대로 앞장서 과외를 권장하는 우를 범하고 있다.

둘째, 국민이 세금을 내서 운영하는 공영방송을 소수 특정 수험생을 위해서 채널을 둘씩이나 쓰고 있다는 데 엄청난 잘못이 있다. 사교육비를 줄인다고 하지만 결과적으로 전 국민의 세금으로 과외비를 부담하는 셈이 되었다. 전학생에게 유용한 정상수업 내용도 아닌 특정집단을 위한 과외 방송에 전 국민이 내는 세금을 쓴다는 것은 잘못된 생각이다. 공영방송은 전 국민을 대상으로 하는 프로 등을 위해서 사용되어야 할 것이다. 왜 과외와 아무 상관도 없는 국민들까지 과외비 세금을 내야 하는가?

셋째, 공권력을 가지고 운영하는 공영방송을 통해서 국가가 과외를 하기 때문에 조작의 위험 가능성이 있다. 지금 학생과 학부모들은 방송과외 내용 중에서 인위적인 조작에 의하여 어느 정도 수능시험 문제가 출제될 것으로 예상하고 있다. 그래야 정부가 주도하는 위성과외 방송의 효과가 있다고 선전할 수 있기 때문이다.

분명히 수능고사 출제위원들은 과외방송 내용 중에서 일부 출제하지 않을 수 없게 될 것으로 기대하고 있다. 특정 참고서나 문제집에서 출제되지 않도록 엄격히 금지하면서 국가 주도의 과외방송 내용에서 수능고사 문제가 하나라도 출제된다면 이는 큰 문제가 되지 않을 수 없다. 그런데 과외방송에서 이번에 전혀 수능문제가 출제되지 않는다면 다음부터는 시청률이 더 떨어져 국고 손실을 가져온다는 비난을 받게 될 것이므로 어떠한 조작이 있을 것으로 우려하고 있다. 그래서 학생들은 불안하여 억지로 과외방송 교재를 사서 보게 된다.

넷째, 방송과외는 교육개혁 방향과도 배치되고 있다. 지금 교육개혁에서는 인성교육, 창의성교육, 학습자 주도학습을 강조하고, 부르짖고 있는데 과외방송은 이러한 교육개혁 방향과는 너무나 거리가 멀 뿐만 아니라 오히려 교육개혁을 해치고 있다. 과외방송은 순전히 주입식·획일 훈련에 해당된다.

다섯째, 학교 공교육이 위축되고 저해될 가능성이 있다는 것은 지금까지 다른 사람들이 많이 지적한 바와 같다. 지금도 학생들이 정규 수업을 등한시하고 과외에 의존하고 있는 형편인데 앞으로 위성 과외방송이 성공적이면 성공적일수록 학생들의 학교 정규수업 의존도는 더욱 낮아질 것이다.

위성 과외방송은 출발부터 근본적으로 잘못 되었다. 그럼에도 불구하고 그것이 필요했다면 그것은 사설 방송이었어야 한다. 과외공부를 하라고 공영방송 채널을 둘씩이나 내주는 것은 너무나 너그러운 처사이다. 기왕에 인공위성을 교육방송으로 사용하려면 지금이라도 당장 과외방송을 중단하고 국민교육이나 교양, 사회교육을 위해서 쓸 수 있도록 바뀌어야 한다. 입시를 위한 과외는 방송이 되었든, 학원이 되었든, 개인교수가 되었든, 국가적으로는 백해무익한 것이다.

국가가 방송으로 과외를 하는 나라는 지구상에 우리나라밖에 없을 것이다. 위성 과외의 허구성을 바로잡아야 한다.

(대전일보 1997. 9)

11

공부하겠다는 게 죄인가?

우리나라는 너무 행복에 겨운 나라이다. 남의 나라에서는 학생들이 공부를 안 하려고 하고, 상급학교에 안 가려고 하며, 학부모가 자녀들을 공부를 안 시키려고 해서 문제인데 우리나라에서는 학생과 학부모가 공부를 너무 하려고 하고 너무 시키려고 해서 문제라니 우리는 너무나 행복에 겨운 것이다. 더구나 지식정보사회에서 어린이와 젊은이, 학부모와 온 국민이 공부에 열심이니 이 얼마나 행복에 겨운 이야기인가? 그것도 새벽부터 늦게까지 학교에서 지겹도록 공부하고도 또 과외까지 공부를 하겠다는데 이것을 범죄로 취급하겠다니 세상에 이런 나라가 우리나라 말고 또 어디 있단 말인가?

과외공부까지 열심히 해서 훌륭한 사람이 되겠다는데 이것이 다 죄란 말인가? 학생들이 공부 열심히 하겠다는 것은 죄가 아니다. 더구나 지식정보사회에서 학생과 국민이 공부에 열심인 것은 아주 유리한 조건이다. 다만 공부에 열심인 것을 올바른 방향으로 이끌지 못하는 정부와 지도자들의 잘못이라면 잘못이고 죄라면 죄가 될 것이다. 정부가 국민의 세금으로 운영하는 교육방송, 위성방송까지 동원하여 시험문제 풀이 과외를 솔선하여 실시하면서 고액이 됐든 소액이 됐든 다른 과외를 범죄시하고 막으려 하는 것은 큰 잘못이다.

그리고 자본주위의 국가에서 열심히 돈을 벌어 자식 공부시키는 데 쓰겠다는 것이 무슨 범죄인가? 자금출처 조사와 세무사찰은 과외와는 상관없는 별도의 문제이며 교육인적자원부가 다뤄야 할 성질의 문제도 아니다.

과외는 공교육이 부실하기 때문에 생기는 문제만은 아니다. 공교육이 충실해도 우리나라에서는 여전히 과외는 존재하게 될 것이다. 공교육이 충실해져도 돈이 있는 사람들은 공부를 더 잘 시키려고 또 다른 과외를 시킬 것이다. 과외 시킬 돈이 있는 한 우리나라에 과외는 존재할 것이다. 봉사활동을 점수화한다니까 부모가 아이들에게 가짜 증명서까지 떼다 주는 나라가 우리나라이다. 높은 점수를 받을 수만 있다면, 인류학교에 보낼 수만 있다면 부모가 몸소 자녀들에게 거짓말 교육까지 서슴지 않는 나라인데 공교육이 충실해진다고 과외가 완전히 없어질 것이라고 믿을 수 있는가?

과외가 나쁜 것이 아니고 죄가 아니라면 과외를 구태여 막으려고 하지 말고 시장경제 자연 상태에 맡겨두거나 오히려 올바른 방향의 과외를 권장해야 한다. 특히 우리나라 예·체능계의 세계적인 인물 중 과외 없이 공교육만으로 그렇게 훌륭하게 된 사람이 한 사람이라도 있겠는가? 과외를 없애려 하기보다는 근본적으로 과외의 필요를 없애거나 적극적으로 필요한 과외를 권장해야 한다.

대학문을 아무리 넓혀 놔도 일류대학을 가기 위한 과외는 여전히 존재할 것이다. 일류대학 출신이 독점, 독식하는 사회체제를 바꿔야 과외는 줄어들 것이다. 대통령이 장관 임명 시 일류대 출신으로 싹 쓸이만 안 해도 세상은 달라지기 시작할 것이다. 과외문제 해결의 첫째는 우리나라 사회체제를 지나치게 일류대 중심으로 치우치게 하지 않는 노력이 앞서야 한다고 본다.

둘째는 대학을 안 나와도 대학 안 나온 것만큼만 손해 보고 더 이상 손해 보지 않게 하는 사회체제를 만들려고 해야 한다. 지금은 대학을 안 나오면 사람 취급도 못 받게 되어 있다. 아니면 대학을 나와도 별것 아니라는 것을 알게 되면 비경제적인 무모한 과외는 크게 줄어들 것이다.

셋째는 과외를 해봐도 크게 도움이 되지 않게 하는 제도를 만들어야 한다. 지금은 고액이 됐든 소액이 됐든 과외를 해서 이익이 되기 때문에 어려움을 무릅쓰고 과외를 하게 된다. 입시과외를 줄어들게 하려면 역시 각자 제 할 일을 제대로 하게 해야 한다. 먼저 각 대학은 각자 자기방식대로 자기 식구, 자기 학생을 뽑을 수 있어야 한다. 그것도 시험 준비 효과를 덜 보게 하는 방법으로 학생선발을 해야 한다. 그렇지 않으면 특정대학 준비반을 만들어 과외를 하게 될 것이다. 초·중·고등학교에서는 정확히 법정 정규교육과정만 운영해야 한다. 초·중·고등학교가 대학입시 준비기관이 아니라는 것을 똑똑히 보여줘야 한다. 초·중·고등학교가 입시 요구에 놀아나는 한 우리나라에서 과외문제는 영원히 해결 안 된다. 입시는 개인적, 사적인 문제로 취급해야 한다. 특기·적성교육도 정규교육과정 범위 내에서 해야 한다. 이 단계에서 공교육의 충실화의 약효가 조금 먹혀들게 된다.

넷째는 공교육이 감당하지 못하는 미진한 보충교육, 영재교육, 특기·적성교육은 대안교육이나 과외교육에 의존하지 않을 수 없다는 것을 인정해야 한다. 교육은 더 이상 국가 독점의 교육전매청이 될 수 없다는 것을 알아야 한다. 공교육도 이제는 자유경쟁에서 살아남을 수 있어야 한다. 교육을 비영리사업으로만 묶어둘 필요도 없다. 영리가 되었든 비영리가 되었든 국민에게 질 높은 교육서비스를 제공해 주는 일이 지식정보사회에서는 더 중요하다. 이제는 국가도 산업사회의 질 낮은 대량교육체제로는 지식 정보사회에 대처할 수 없다는 절박한 현실 인식을 해야 한다.

뭐니뭐니해도 우리나라는 교육의 나라이다. 강대국들 사이에서 자연자원이 적은 우리나라가 살아남기 위한 수단으로 우리 조상들은 자녀교육에 힘써왔다. 일본의 식민지에서 독립하기 위한 수단으로도 우리는 민족교육의 전략을 채택했던 것이다. 앞으로 남북통일도 궁극적으로는 민족동질성 교육으로 마무리해야 한다.

과외문제도 이런 거시적 관점에서 풀어가야 한다. 과외를 범죄시하지 말고 긍정적인 방향으로 풀어가길 권고한다. 과열이라도 지식정보사회에 국민들이 교육에 열을 쏟는 것은 아주 다행인 것으로 알아야 한다. 불가능한 방법으로 눈가림하려는 미봉책으로 과외문제를 처방하지 말기 바란다. 오히려 어린이와 젊은이, 학부모와 국민들에게 도움이 되는 과외를 하는 것이 더 바람직하다. 그리고 과외문제와 상관없이 공교육의 질 향상을 위해서 정부는 교육에 엄청난 투자를 해야 한다. 과외문제와 상관없이 자금출처와 세무사찰은 엄격하게 해 주길 바란다. 그리고 국민의 지도자들은 과외 없이도 지도자가 될 수 있는 사회를 만들어 줘야 한다.

(한국교육신문, 2000. 5. 22)

12

실수의 교육적 활용

인간은 누구나 실수를 하게 마련이다. 신이 아닌 이상 인간은 모두 실수를 하면서 살아가게 된다. 세상이 너무 급격하게 변하다 보니 때로는 신(神)도 실수를 하는 게 아닌가 하고 의심을 하게 만든다. 착한 사람이 손해를 보거나 고통을 당하는 것을 볼 때, 또 죄 없는 천진 그대로의 어린이가 죽음을 당하는 것을 보며 때로는 감히 신까지도 의심하게 만들고 불공평하다고 신을 원망하게도 만든다. 또 성공한 수많은 사람들이 다 한번에 완벽하게 성공한 것이 아니다. 그들도 거듭되는 많은 실패와 역경을 딛고 일어나 성공한 것이다.

그래서 실패는 성공의 어머니라고 한다. 갓난아이가 일어서서 걷기까지는 수도 없이 넘어져야 한다. 걸음마차가 없던 옛날에는 아이들 무릎에 피가 마를 날이 없었다. 그렇게 다치면서도 일어서고 걷고 달리는 것이 우리 인간인 것이다. 누구나 저지르게 되는 실수와 실패는 교육적으로 활용될 때 귀중한 것이다. 실수나 실패가 그 자체로 끝나고 만다면 우리 인간은 발전하지 못하고 후퇴하게 된다.

실수를 인정하고 후회하고 또 무의미한 반복되는 실수를 안 하려고 새로운 각오를 할 때 실수는 실수 이상의 가치를 발휘한다. 실패도 그 원인을 찾고 새로운 철저한 대비책과 계획을 함으로써 극복 그 이상의 효과를 가질 수 있다.

이것이 실수와 실패·오류의 교육적 가치이고 교육적 활용이다. 외국에서 자동차 사고가 났다고 하면 철저한 조사에 의하여 원인을 규명하여 이에 따른 조치와 홍보를 함으로써 같은 장소에서 같은 사고가 더 이상 발생하지 않도록 한다. 그래서 자동차가 많은 나라에서도 우리보다 사고가 적다. 자동차는 사고 없이 편리하게 타고 다니기 위해서 만들어진 것이지 사고 나기 위해서 만들어낸 것은 아니다. 사고가 나면 보험회사들이 철저한 원인 조사를 한다. 경찰도 조사한다. 도로 표지판, 도로 조건, 교통 규칙, 기후와 날씨, 운전기사의 건강·심리 상태, 차량 상태 등을 정확히 조사한다. 자동차 메이커들도 자기네가 만든 차가 사고를 냈다면 그 결함 여부를 조사하여 개선에 반영한다. 그래서 사고의 원인을 제거함으로써 같은 장소에서 같은 사고가 재발하지 않도록 근본적인 조치를 한다. 더구나 생명을 앗아간 사고라면 생명을 바친 그 사고로부터 무엇인가 배워야 하고 귀중한 생명의 값을 빼야 하는 것이 우리 인간이 동물과 다른 점일 것이다.

그런데 우리나라의 경우 똑같은 사고가 무의미하게 반복한다는 데 문제의 심각성이 있다. 심지어는 사고불감증이라고까지 하게 되었다. 교통사고가 매번 같은 장소에서 반복해서 일어난다. 사고 표시가 지워질 날이 없다. 뭔가 고쳐서 최소한 그 자리에서는 재발을 막아야 할 것 아닌가? 겨울에 차가 미끄러지는 곳에서는 항상 미끄러지고 있다. 철도 건널목에서는 항상 고정적으로 사고가 일어나고 있는데도 멀뚱멀뚱 그대로 있다.

같은 장소에서 같은 사고가 반복해서 일어나는데도 시정하지 못하고 그대로 있는 것은 후진국 신세가 아니라 야만국 신세에 해당된다.

다리가 끊어지고, 기차가 곤두박질치고, 배가 가라앉고, 비행기가 떨어지고 사람이 죽었으면 그 원인을 밝히고, 책임을 따지고, 대책을 세워야 하는데 그것이 없기 때문에 끝없이 반복되고 있다. 잠시 흥분하고, 눈물을 짜고, 성금을 걷고, 누군가 한 마디 사과하고, 말로만 다시는 이런 일이 안 일어나게 한다고 하니, 근본적인 해결이 안 되고 끝없이 반복하게 된다. 그래서 이제는 사과용 국무총리를 따로 두어야 할 처지가 되었다. 가스폭발로 100여 명이 희생되었다면 이는 분명 세계적인 사건이다. 이러한 세계적인 사건을 다루는 것은 그만큼 철저하지 못하다는 이야기다. 실험을 통한 정확한 원인조사가 안 이루어지고 재발방지책이 강구되지 않는 속에서 모든 것이 쉽게 덮어지고 있다. 그러니까 연일 가스사건은 계속되고 국민은 각 기관과 담당부서를 믿지 못하고 불안해한다. 개정판 교정을 보는 이 시간에도 라디오에서 숭례문 사고 대책이 계속 되고 있다.

오클라호마 시의 사건을 다루는 미국의 태도는 우리와는 사뭇 다르다. 전문가를 동원하여 수색하고 구조하고 의료활동을 체계적으로 하고 있다. 인명구조도 16일간인가에 걸쳐서 하고 마쳤다고 한다. 범인수사도 과학적으로 하고 있다. 사건 당시의 연락·구조활동을 시간대별로 하나하나 녹음테이프와 비디오테이프 등을 맞춰가면서 분석·평가하고 매스컴과 뉴스에서 다루고 있다. 일본도 문화재를 태우고는 철저히 대비하여 더 이상은 사고가 나오지 않게 하였다.

선진국과 후진국은 사건을 다루는 데서 엄청난 차이가 난다. 정말 선진국으로 가는 길은 너무나 멀고도 험한 것 같다. 호주에서는 우리나라의 가스사고를 타산지석으로 하여 자기네 가스와 안전시설을 점검하고 대비책을 강구하고 있다.

그런데 우리가 그 많은 희생자를 내고도 여기서 교훈을 얻지 못

한다면 너무 억울한 노릇이고 희생된 분들께 미안한 노릇이다. 사고를 일으킨 사람을 정확하게 찾아내 처벌해야 하기 때문에 사고의 원인을 추측으로 때려잡아서는 안 된다. 죄 없는 사람이 벌 받게 되고, 죄 있는 사람이 벌에서 제외되는 일이 없어야 하기 때문이다. 사고의 원인이 정확하게 밝혀지지 않으면 벌을 주는 데서 또다시 잘못을 저지르게 된다. 실제 상황 그대로 놓고 소규모라도 실험을 하여 정확히 증명하여 모든 사람의 고개가 끄덕여져야 한다.

우리는 사고에서 배울 것을 찾아야 한다. 우선 노동자, 기술자를 귀중하게 존중해주어야 한다는 점이다. 그래서 그들도 자신들이 하는 일에 자부심과 긍지를 갖고 중요하고 의미 있게 일을 하고 있다는 생각을 가질 수 있어야 한다. 비록 지하에서 땅을 파고 구멍을 뚫는 일을 할지라도 그것이 상당히 중요한 일이고 자신이 조금만 잘못해도 엄청난 일이 벌어진다는 점을 의식해야 한다. 몇 명이 제 직분을 다 하지 못해 태안 앞 바다를 기름바다로 만들었다.

우리는 땅 위에서 일하는 사람, 책상 위에서 일하는 사람만 중시하고 그늘진 속에서 일하는 사람은 너무 무시해왔기 때문에 엄청난 사고가 빈발하는지도 모른다. 높은 사람, 낮은 사람 없이 모두 각자 주어진 위치에서 중요한 일을 하고 있다고 생각할 때 일할 맛도 나고 살맛도 나는 것이다. 노동자, 기술자들이 하는 일에 자부심과 긍지를 갖고 일했더라면 많은 사고가 근본적으로 봉쇄됐을 것이다.

작업 중에 가스 누출이 감지되었으면 신고도 중요하지만 우선 비상조치로 사람들을 대피시켰어야 한다. 높은 사람이건 낮은 사람이건 누군가의 명령에 의하여 위기관리에 들어갔어야 한다. 누군가 생각이 거기에 미쳤다면 아마도 대구의 가스폭발 사고의 피해는 줄어들고 그는 아마 지금쯤 영웅으로 존경받게 되었을 것이다. 이것도 일에 대한 자부심과 책임감에서 나온다.

학교는 가장 인구밀도가 높은 인구집중기관이고 조직이다. 사람이 가장 많이 모여 있고 그것도 보호받아야 할 어린이와 젊은이가 모여 있는 건물이다. 그래서 지구상에서 가장 안전하고 편안해야 할 곳이 학교이다. 그런데 지금 우리나라의 학교가 안전하지 못하다. 위험 건물, 위험요인이 많다. 그래서 학교 관리자는 불안하다.

학교에서 제일 중요한 것은 공부 이전에 학생의 건강과 안전이라는 생각을 갖고 안전대처를 해야 한다. 안전은 평상시에 훈련을 쌓아야 한다. 미국과 같이 안전에 완벽하다는 학교에서도 소방훈련을 1년에 10회 이상 철저히 한다. 우리같이 형식적으로 하는 것이 아니라 실제 상황으로 철저히 하고 또 실제 상황이 벌어져도 훈련받은 그대로 대처한다. 학교에서의 안전교육을 재고하는 계기가 되어야 할 것이다. 생명 존중 교육과 결부시켜 근본적인 안전대처가 요구된다.

다리가 끊어지고 가스가 폭발하는 사고가 무엇을 의미하는지 깊이 새겨보아야 한다. 끊어진 다리가 가리키는 방향, 가스가 폭발하는 의미를 보고 깨달을 줄 알아야 한다. 끊어진 다리만 쳐다보고, 폭발한 땅만 쳐다보고 있어서는 안 된다. 다리가 끊어지고 가스가 폭발하고 숭례문이 불탄다는 것은 우리의 윤리·도덕·가치·기강·정신세계가 온통 끊어지고, 가라앉고, 곤두박질치고, 폭발하고 있다는 의미이다.

다리의 끊어짐과 가스폭발보다 더 무서운 것이 윤리·도덕·가치의 끊어짐과 폭발이다. 30여 년간 서두른 물질적 산업화에 밀려 정신적 교육이 경시된 결과로 윤리와 도덕이 끊어지고 폭발하고 있는 것이다.

노동자도, 기술자도, 공무원도, 정치가도 다 대한민국의 교육을 받고 일하는 사람들이다. 그 동안 거친 교육을 받은 사람들은 거칠게 일할 수밖에 없다. 한 사람 한 사람에게 정성을 들여 귀중하게 교육할 때 그들이 사회에 나와 자부심과 긍지를 갖고 정성들여 그들의 일을 하게 된다.

근본적으로 인간 교육에 투자를 하지 않고 국가적 정성을 쏟지 않고 임시로 그때그때 땜질하고 덧칠하고, 덮어씌우기를 하는 한 근본적인 처방이 안 된다. 후진국형 사고의 교육적 의미를 깨달아야 한다. 실수와 실패의 교육적 승화가 요구된다(대구 지하철 폭발사고를 보고).

13

한국의 힘, 여성의 힘

몇 년 전에 우리나라 초등 여자 교육행정가 모임에서 여성교육의 중요성에 대하여 잠깐 언급한 적이 있다. 지금도 그 생각에는 변함이 없다. 우선 세 가지 측면에서 우리나라 여성교육의 중요성을 강조했다.

첫째, 어머니 교육의 측면이다. 이율곡의 어머니 신사임당 교육의 예를 구태여 들지 않더라도 자녀에 대한 어머니의 영향력은 거의 절대적이라는 것을 누구나 인정하지 않을 수 없다.

우리나라에서는 어린이가 태어나기 전부터 교육이 시작된다고 믿고 있다. 태교가 바로 그것이다. 서양에서 조기 교육의 중요성을 외치고 있지만 우리나라의 태교보다 더 빠른 조기교육은 없을 것이다. 서양에서는 20세기 앞에서야 "5세는 너무 늦다(5 years too late)"고 조기교육을 부르짖었는데, 우리는 아득한 옛날부터 임신과 동시에 태교를 시작했으니 우리 조상들의 슬기에 새삼 놀라지 않을 수 없다.

이에 덧붙여 우리 조상들의 생명존중 사상에도 경의를 표해야 한다. 서양 사람들은 태어나면서부터 한 생명으로 생각하여 0으로부터 출발하여 0세라고 하는 데 비하여 우리 조상들은 임신 그 순간부터 하나의 생명으로 보고 태교도 하고, 임산부는 두 생명으로 생각하여 몸조심을 두 배로 하고, 아기가 태어나면 한 살로 계산하여 한 살(1세)로부터 출발하였던 것이다.

태교가 아니더라도 어린이는 어머니의 젖꼭지를 물고도 어머니로부터 학습을 한다. 어머니의 체온과 감정, 사랑을 배운다. 그래서 아무리 급해도 어머니는 물렸던 젖꼭지를 함부로 빼지 않았던 것이다. 아기의 성격이 비뚤어지기 쉽기 때문이다. 젖을 빨면서 엄마의 인자한 얼굴모습을 보고 아기는 인간관계를 공부하기 시작하는지 모른다.

우리나라에서는 아이들이 학교에 들어가기 전부터 하나하나 교육시킬 뿐만 아니라 학교에 간 후에도 책가방을 챙겨주고 숙제를 보살펴주고 자녀교육을 전적으로 책임을 지다시피 한다.

정확한 연구근거는 없지만 우리나라에서는 자녀교육에 아버지의 영향보다는 어머니의 영향이 더 클 것으로 본다. 유태인들은 아버지에게 자녀교육의 책임이 있다고 하지만 우리나라에서는 어머니에게 책임이 있다. 그래서 그런지 우리나라 어머니들은 극성으로 자녀들을 여러 학원에 보내고 또 과외공부를 시키는지 모른다. 심지어는 남편 모르게 엄청난 과외비를 지불하며 여러 개의 학원에 보내거나 과외를 시키는 어머니들까지 있다. 우리나라 어머니들의 자녀교육에 대한 극성은 가히 세계적이라고 하지 않을 수 없다.

그러나 정상적인 자녀교육, 가정교육만으로도 여성인 어머니의 영향은 남성인 아버지보다 더 중요하다. 이것은 반대로 우리나라 아버지들이 자녀교육에 책임을 다하지 못하거나 등한시하고 있다는 비난이 될 수 있다.

옛날에는 아마도 자녀교육을 포함한 모든 가정 일에 남성인 아버지들이 더 책임을 졌을 것이다. 남성들이 근대 산업화에 바쁘다는 핑계로 아내에게 많은 것을 떠넘기고 있는지도 모른다. 그런데 이제 여러 가지 이유로 어머니들도 바빠져서 옛날처럼 자녀교육을 하기 어렵다는 데 문제가 생기고 있다.

하여간 여성은 자녀교육에 결정적인 영향을 미친다. 그래서 우리나라 여성들이 어떤 교육을 받고 어떻게 자녀교육을 하고 있느냐는 중요한 일이 아닐 수 없다. 여성에 대한 어머니 교육이 중요하다.

둘째, 우리나라 학교교육의 대부분을 여성이 담당하게 되므로 우리나라 여성교육은 중요하다. 앞으로 최소한 우리나라 초·중등 교육의 대부분을 여성이 담당하게 될 것이므로 여성들이 어떤 교육을 받고 어떤 생각을 갖고 학교교육을 하느냐가 우리나라의 운명을 결정하게 된다. 선진국의 보통교육은 이미 대부분 여성이 담당하고 있다. 그래서 선생님과 교장 선생님을 가리키는 대명사를 서슴없이 여성대명사(she, her)로 쓰고 있다.

우리나라에서도 도시, 초등에서부터 시작하여 전국, 중등까지 여선생님의 비율이 높아지고 있다. 과거에는 학교에서도 힘든 일은 으레 남자 선생님이 해야 한다고 미룰 수가 있었으나 이제는 남자 선생님 수가 절대적으로 부족하여 그럴 수가 없게 되었다.

교육대학에서는 인위적으로 남녀 성 비율을 맞추어 학생을 뽑고 있었으나 사범대학에서는 그렇지 않으므로 아마 이대로 간다면 중등이 먼저 여성으로 다 채워질 가능성이 있다. 교사후보학생을 뽑는데 남녀를 차별하여 비율을 정한다는 것은 무리가 있다. 자유경쟁의 원칙이 적용되어야 한다고 본다. 남자 교사가 필요하면 남자가 교직에 매력을 갖도록 대우를 헤주이 남싱을 교식으로 유인해야 하는 것이다.

옛날에는 여자는 교직을 부업 정도로 생각할 수 있었으나, 이제는 여성의 교직이 더 이상 부업일 수 없는, 생을 건 주업이다. 지금도 부업 정도로 생각하는 여교사가 있다면 우리나라의 운명은 슬프게 되지 않을 수 없다. 주업으로 인생을 건 나라의 교사와 국제 교육전쟁을 해야 하기 때문이다. 주업자와 부업자의 대결에서는 부업자가 백전백패일 수밖에 없다. 기본적인 임전태도에서부터 지식, 기술 모든 면에서 뒤쳐질 것이다.

우리나라 여성이 우리나라의 기본이 되는 보통교육을 모두 담당하게 되므로 우리나라 여성교육은 중요한 몫을 하게 된다. 남성교육, 여성교육을 나누는 자체가 잘못된 것이지만 최소한 과거의 시각에서 보면 그렇다는 뜻이다. 이스라엘에서는 교육뿐만 아니라 국방까지도 여성이 많은 비중을 담당하고 있으므로 그 중요성만 인식한다면 더 좋은 교육 서비스를 국민들에게 제공해 줄 수 있을 것으로 본다.

여성인 어머니의 중요한 자녀교육·가정교육에 더하여 여성인 여교사의 학교 교육 담당으로 우리나라 교육은 전적으로 여성에게 달려 있다고 보아도 좋을 것이다. 우리나라 기초교육을 담당하는 여성교육을 정말 중시하지 않을 수 없다.

셋째, 우리나라 가정경제의 대부분이 여성에 의하여 운영되기 때문에 여성교육의 중요성이 더욱 강조된다. 현대에 오면서 우리나라에서도 집안살림의 돈을 대부분 여성인 주부가 사용하는 경향이다. 자녀들 용돈과 교육비는 물론이고 집을 사고파는 일까지 대부분 여성이 처리하는 경우가 많다.

여성이 어떤 가치관을 갖고 어디에다 돈을 어떻게 쓰느냐는 우리나라 운명을 좌우하게 된다. 가정경제권을 여성이 갖고 있는 경우가 많아지므로 여성의 소비생활이 우리 사회, 우리나라 발전에 지대한 영향을 줄 것으로 본다. 남성들의 봉급까지도 고스란히 통장에 입금되어 과거의 남성에 의한 낭비가 줄어들고 가정의 계획경제에 긍정적인 영향을 주는 경우도 있을 것이다. 하여간 기업경제나 국가경제는 남성들이 많이 다루는 경향이지만 최소한 가정경제의 대부분은 여성이 다루는 경향이므로 이런 측면에서의 여성교육이 중시되어야 할 것이다.

교육적인 측면에서 우리나라 기초교육인 가정교육과 초·중등 학교교육을 여성이 담당하고, 경제적인 측면에서 최소한 가정경제의 대부분을 여성이 책임을 지게 되는데 여성교육을 과거의 시각으로 보게 된다면 문제가 아닐 수 없다.

우선 여성교육의 중요성에 비추어 볼 때 여성교육 기회를 확대하고 그 질도 높여야 할 것이다. 그리고 사회교육의 측면에서도 여성 담당분야에 관련된 프로그램이 개발되고 발전되어야 할 것이다.

또 생활의 편리로 벌어들인 남는 시간을 활용할 수 있는 여성사회 교육 프로그램에 대한 연구도 강조되어야 할 것이다. "여자는 약하다. 그러나 어머니는 강하다"는 말이 통용되어야 우리나라는 발전한다. 그리고 우리나라 주부의 씀씀이가 나라를 윤택하게 하는 데 결정적인 역할을 한다.

위대한 사람 뒤에는 반드시 여자가 있다고 한다. 훌륭한 어머니가 있든가 아니면 훌륭한 아내가 있는 것이다. 그러나 이제는 이에 더하여 위대한 사람 뒤에는 반드시 훌륭한 (여)선생님이 있다는 말이 통용될 것이다.

국가발전의 가장 원초적인 원동력은 여성에게서 나오고 있는지도 모른다. 가정교육, 학교교육, 가정경제의 기초는 여성에게 달려 있다. 그렇다면 "한국의 힘, 여성에게서 나온다"고 해도 좋을 것이다. 앞으로 계속 여성의 영향력은 커질 것이다.

(Educational Journal, 한국교육출판 95. 4)

14

배움을 사랑하는 사람들을 위하여

새천년 새로운 세기를 맞이하여 야단법석을 부리던 올해도 이제 하반기를 맞고 있습니다. 극성을 부리던 더위도, 엊그제까지 공포에 떨게 했던 장마도, 태풍도 제풀에 꺾이고 공부하기 좋은 가을에 들어섰습니다.

저는 평생 공부하겠다고 우리 대학교 평생교육원에 등록하신 여러분을 진심으로 존경합니다. 저도 어렵게 공부했고 또 배우고 공부하기를 좋아하기 때문입니다.

그래서 저는 오늘 딱딱한 원장 식사를 대신하여 "배움에 대한 사랑"에 대하여 같이 생각해 보는 시간을 갖고자 합니다. Ariss Roaden 이란 사람은 배움에 대하여 이렇게 이야기합니다.

- 배움은 빠를수록 좋습니다.
- 배움에 목말라야 합니다.
- 배움과 지식에는 끝이 없습니다.
- 배움과 마음의 창고는 완전히 채울 수 없습니다.

● 배움은 바로 기쁨이어라.

1) 배움은 빠를수록 좋습니다

인간의 교육은 빠를수록 좋다는 것입니다. 미국에서는 얼마 전까지 5세에 교육을 시작하는 것이 너무 늦다고 했습니다. 그런데 우리나라에서는 "세살 버릇 여든까지 간다"고 하여 3세 이전의 교육을 강조했습니다. Erikson이란 사람은 3개월에서 세 살까지의 기간을 인간에 대한 신뢰감을 형성하는 '결정적 시기(cricical period)'라고 하여 강조했습니다. 아이들은 두 살이 되기 전에 말하고, 걷고, 조심하고, 수의 기초와 읽기의 의미를 알고, 대상물을 구별하고, 다른 사람과 나누고 협조하는 법을 배운다는 기적 같은 사실을 생각해 보십시오.

우리 조상들은 지식정보사회가 도래할 것을 예측하기라도 하였는지 태어나기 전부터 교육을 시작했습니다. 태어나기 전부터 교육을 시작한다는 것은 아이들은 태어나기 전부터 배울 수 있다는 뜻입니다. 그런데 저는 태교를 시작했다는 사실보다 우리 조상들은 어머니 뱃속에 있는 아이도, 임신하는 순간부터 한 인간으로 생각했다는 인간존중, 생명존중 사상을 더 높이 받들고 싶습니다.

어떤 교육학자는 임신한 엄마가 아기가 태어나기 전에 아기교육을 하려고 한다면 이미 늦었다고 충고합니다. 결혼이나 임신 전부터 교육을 계획해야 한다는 뜻일 것입니다.

이런 충고를 얼마나 받아들일지 모르겠으나 최소한 가능한 한 아기를 낳자마자 아기에게 책이나 읽기를 소개하고 도입하는 것이 이롭다는 것입니다. 유태인들은 아기들에게 책에다 꿀을 발라 놓고 책을 빨면 자연스럽게 책을 좋아하고 친하게 만든다는 것입니다.

예능이나 외국어도 가능한 한 빠를수록 좋다는 것을 여러분이 더 잘 알 것입니다. 그러나 늦었다고 할 때가 빠르다는 사실을 잊지 마십시오. 새로운 것에 도전하는 여러분, 여러분들에게는 지금 이 순간도 배움에는 빠른 것입니다.

지금 이 자리에 와서 공부하려고 생각도 해보지 않은 사람에 비하면 여러분은 배움에 아주 빠르다는 사실을 알아야 합니다.

2) 배움에 목말라야 합니다

배움에 배부르면 배울 수가 없습니다. 우리 모두는 시한부 인생을 삽니다. 어려서, 젊어서는 배움에 배불러 하다가 살아갈 날이 좁혀 오면서 배움에 목말라 하는 경우가 많습니다. 또 배울 기회가 많이 주어졌던 사람보다 배울 기회를 상실했던 사람들이 더 배움에 배고파하는 경우가 많습니다.

지난 학기에 83세 할머니가 우리 평생교육원 일본어 과정을 성공적으로 마쳤습니다. 우리 지방의 한 교수님은 교수로 정년퇴임하고 박사를 두 개나 가지고 있으면서 70대에 새로운 분야에 또 박사학위에 도전하여 성공하셨다고 합니다. 그분을 본받고자하는 한 대학 교수님이 경영학 박사학위를 가지고 있으면서 우리 대학 교육대학원 교육행정 전공 석사 과정에 들어와 지난 학기 저와 같이 공부했습니다. 이분들에게 공부와 학위는 액세서리가 아닙니다. 어떤 분은 자기 병이 돌이킬 수 없는 암이라는 사실을 알면서도 박사학위 논문을 마무리 짓고 있는 사람도 있습니다. George Reavis 박사는 교수로 정년퇴임하고, World Books라는 잡지의 편집장을 지내고, 낙농 일을 하다 퇴임하고, 70세에 스페인어 공부를 하고, 80세에 오르간 연주를 배우고, 84세에 Phi Delta Kappa의 교육재단 설립에 그가 가진 모든 것을 바쳤고, 89세에 돌아가셨는데 11년 후 100세 탄신 기념회에 그를 따르는 많은 사람들이 모여 들었습니다. 이런 사람들은 "자신이 앉아 쉬지 못할 나무를 심습니다. 그러나 우리가 그들이 심은 나무 그늘에서 즐기며 쉬게 됩니다."

시청각 교육에서 많이 인용되는 Edgar Dale 박사는 65세에 대학교수에서 퇴임하고도 월요일에서 토요일까지 하루도 빼놓지 않고 연구실을 지켰고, 학회나 강의, 발표장에서는 캐묻기를 좋아하고 끝없이 질문하기로 유명했다는 것입니다. 이분은 82세에 돌아가셨는데 죽을 때까지 파킨슨병에 걸렸음에도 불구하고 공부하고, 연구하고, 책 쓰기를 하여 돌아가시기 수개월 전까지 4권의 책을 출판했다는 것입니다. "사람은 짧은 지팡이로 먼 미래를 다 탐구하지 못합니다. 최고의 우수성을 발휘하기 위해서는 시간이 필요합니다."

저의 대학원 은사님 한 분은 대학교수로 정년퇴임한 후에도 꼭 출근을 합니다. 흰 와이셔츠를 입고 넥타이를 매고 양복을 입고 가방을 들고 사모님과 인사를 나누고 출근을 합니다. 어디로 출근하는지 아십니까? 건넌방 서재로 출근을 하는 것입니다. 도시락을 싸가지고 가시기도 하시고 도시락을 시켜 먹기도 합니다. 그리고 퇴근시간에 맞춰 퇴근하시고 사모님께 잘 다녀왔다는 인사를 합니다. 정년퇴임 후도 계속 책을 내시고 학회에 나가서 발표를 합니다.

초등학교 교사를 하다가 박사가 되고 교수가 되면 손에서 책을 놓을 것 같았던 저에게 생전의 어머님께서 "너는 언제 공부가 끝나느냐?"고 하신 말씀이 아직도 생생합니다. 저의 아이들은 공부하는 아빠의 모습만 보고 자랐습니다. 그래서 제가 빈둥빈둥 놀면 오히려 저를 혼냅니다. "아빠 공부 좀 하세요"라고 말입니다.

육체적 식사도 해야 하지만 우리는 정신적 물도 마시고 식사도 해야 합니다. 정신적 양식, 배움에 목말라 해야 합니다. 정신적 식사에 목이 타야 합니다.

3) 배움과 지식에는 끝이 없습니다

돈이나, 자연자원이나, 시간의 공급에는 끝이 있고 한정이 있지만 배움과 지식의 공급에는 끝이 없고 제한이 없습니다. 배움과 지식에는 "이만하면 됐다"는 것이 없습니다. 아무리 퍼 넣어도 끝이 없습니다. 이 세상엔 영원히 마르지 않는 지식의 샘이 있습니다. 퍼 마셔도 마르지 않는 지식의 샘입니다. 물, 물, 물, 물을 달라. 한 방울의 물이라도 더 마셔야 할 지식의 물을 달라. 우리가 다 마셔 말려 버릴 수 없는 지식의 샘이 있습니다. 계속 마시기 위해 도전해야 합니다.

4) 배움과 마음의 창고는 완전히 채울 수 없습니다

지식의 샘이 바닥이 없듯이 우리에게 지식을 받을 수 있는 마음의 그릇을 주셨습니다. 언제나 더 채워야 할 여지가 남아 있습니다. 더, 더, 더, 배우고 채워야 할 여지가 남아 있다는 것을 생각해 주십시오. 평생 공부하셔서 속 찬 남자, 속 찬 여자가 되어 주십시오.

5) 배움은 바로 기쁨이어라

알지 못하던 어떤 새로운 것을 알게 되고 배우게 된다는 것은 바로 흥분과 열과, 희열 그 자체입니다. 이 세상 모든 사람들은 특별한 어떤 느낌을 좋아합니다. 특별하다는 것은 곧 아무도 모르는 어떤 것을 알게 되는 황홀경을 경험하는 것입니다. 우리가 배운다는 것이 단지 다른 사람이 발견해 놓은 사실이나 주워 담는 것에 그친다면 더 빨리, 더 좋게 치우는 진공청소기에 불과할 것입니다. 새로운 것을 얻고, 만들어내야 할 것입니다. 배움의 과정은 치통처럼 나 혼자만의 것입니다.

매일 어떤 새로운 것을 배운다는 것은 우리가 사랑하는 축제나 잔치와 같고 하프와 춤, 의상과 패션의 변화, 따뜻한 목욕, 달콤한 사랑, 곤한 잠과 같습니다. 아니 이 모든 것보다 좋습니다. 배움은 병든 정신을 치료하고, 마비된 신경을 고치고, 권태를 흥분과 열광으로 바꿔줍니다. 배움이란 해돋이나 해넘이를 보는 것보다 더 새로운 기분을 갖게 하고, 토요일 밤 목욕보다 더 산뜻한 기분을 줍니다.

유감스럽게 이 세상 모든 사람이 다 지식의 샘으로부터 지식을 다 마실 수는 없습니다. 여러분, 같이 마시고자 하는 사람만이 지식의 생물을 퍼 마실 수 있는 것입니다. 생을 낭비하는 사람은 배움으로부터 조기 퇴직하는 사람입니다. 직장에서의 퇴직은 있어도 배움에는 정년도, 퇴직도 없습니다. 지식의 창고는 결코 비워둬서는 안 됩니다. 배움의 용량에는 경계나 제한이 없습니다. 배움의 푸대자루는 무한정 들어갑니다.

평생교육원 입학생 여러분!

우리 평생교육원에서 배움의 포대자루, 배움의 배때기를 마음껏 가득 채워 가십시오. 우리는 평생교육을 흔히 "요람에서 무덤까지"라고 하는데 우리 조상들은 이를 앞뒤로 무한정 늘렸습니다. 임신에서 태교를 했고, 결혼 전, 임신 전부터 아이들 교육을 계획했으며, 무덤에 가신 후에도 비석에 새겨진 대로 "학생(學生)"으로서 영원히 배운다고 생각했던 것입니다. 끝없이 배우려는 여러분께 원장으로서 격려의 박수를 보냅니다.

자, 여러분 이제부터 우리와 함께 신선한 배움의 가을여행을 신나게 떠납시다. 고맙습니다.

(2000. 2학기 충남대평생교육원 입학식 특강)

15

새 시대의 교육과 교육행정

1) 내가 본 20세기의 교육

20세기를 시간적으로 따져 1990년에서 1999년으로 친다면 나는 20세기의 5분의 3인 60년을 실제로 살고 5분의 2의 40년은 전해 듣고 책을 읽어서 알게 되어 간접적으로 산 셈이다.

지나간 60년 중 24년은 순전히 자라면서 학생으로 공부하고 교육을 받은 기간이며 나머지 36년 중 약 15년은 초등교사로서 가르치며(敎育) 동시에 학생으로서 배운(學習) 시기이며 나머지 21년은 교사로 또는 교수(敎授)로 가르치는 일만 해 온 기간이다. 결국 20세기 중 60년을 교육과 함께 살아온 셈이다.

지나간 20세기의 한국교육은 근대교육의 시작으로 하여 산업화의 공장형(工場型) 현대교육을 한 것이라고 특징지을 수 있다.

소수 귀족, 양반계급의 자녀만 서당식 교육을 받을 수 있었는데 20세기 초 서양식 신식교육의 근대학교가 설립되면서부터 서민 자제까지 교육을 받을 수 있는 기회가 마련되어 20세기에 대량교육이 되면서 교육의 기회균등이 이루어지게 되었다.

근대교육의 발단은 1883년 원산학교(元山學校)의 민간학교와 동문학(同文學)과 육영공원(育英公院)의 관학으로 보며 이어서 1885년~1886년 연희·경신·배제·이화의 전신인 기독교계 학교가 설립되면서 근대학교의 터전이 닦이고 확대되게 된다.

1895년 교육입국조서 소학교령이 공표되면서 신학제가 태동하게 되나 1905년 을사조약과 함께 일본 식민지 교육의 영향을 받게 된다. 일본의 영향 속에서 점진학교, 양정의숙, 광성실업, 한성사범학교, 보성, 휘문, 진명, 숙명, 중동 등 수많은 사학, 민족학교가 출현하게 되어 우리나라의 20세기는 근대 신식학교의 설립과 함께 시작되어 식민지 해방을 위해 싸우는 투쟁사와 함께 열린 셈이다.

식민지교육은 내선일체, 동화정책, 신도사상교육, 문맹정책, 우민정책, 역사의식 말살정책, 중앙집권제, 관·공 우위정책을 받게 되었는데 이에 굴하지 않고 우리의 교육열은 더욱 뜨겁게 달아올랐으나 우리도 모르는 사이에 일본의 식민교육정책은 우리 교육 속에 스며들었을 것이다. 겉으로 항일교육을 하고 있으면서 속으로는 일본식 교육을 따르게 된 것이다.

우리의 힘으로 독립하지 못하고 남의 나라 힘으로 해방되면서 우리의 고려·조선시대의 교육사상에다 일제 식민잔재에 더하여 미국 교육의 바람이 불어닥친 것이다.

미국교육의 가장 큰 바람은 진보주의 교육사조이다. 아동중심, 흥미중심, 생활중심, 경험중심이라는 것이었다. 겉은 진보주의였지만 우리 교육의 바탕과 뿌리 속은 여전히 주입식, 교사중심, 교과서중심이었던 것이다.

내가 24년간 받은 교육도 36년 동안 해온 교육도 모두 속과 겉이 다른 실제와 이론이 다른 교육이었다고 할 수 있다.

그 후 한국교육은 외국 교육이론의 실험장이 되었고 그래서 우리의 교육은 지금도 겉돌고 있는지 모른다. 또 20세기의 절반은 반공교육에 바쳤다고 봐도 좋을 것이다.

20세기는 산업사회이고 산업사회는 공장(工場)이 상징물이다. 우리의 학교와 교육도 공장모형(工場模型)을 따르고 있다.

대량교육, 분업에 의한 조립식 교육, 틀에 구워내는 획일교육, 관료제 중앙통제식 교육, 실증적 객관화 교육이 바로 학교와 교육을 공장으로 본 교육이다.

이 공장모형 교육을 적은 돈, 짧은 시간에 많은 인구를 문명 퇴치시키고, 모든 국민을 의무 교육시키고, 세계적으로 많은 대학생을 갖게 되고 산업사회도 만들고 민주주의 국가도 건설한 밝은 면도 가지고 있다. 우리의 대량교육은 짧은 시간 내에 산업화시키는 데 크게 기여했다.

그러나 산업사회, 이 공장모형의 교육으로는 더 이상 21세기 지식정보사회를 지탱할 수 없다. 그래서 우리가 지금 21세기의 역사적 문턱에서 고생을 하고 있는 것이다.

지식정보사회는 교육이 지배하는 사회이다. 우리의 교육도 새 시대에 맞게 지식정보형 학교와 교육으로 일대 변신을 해야 한다.

(大田日報. 1999. 1. 24)

2

문제는 교육의 방향감

1

한국교육의 고민

1) 서 론

한국은 전통적으로 교육을 중시해 왔다. ① 자연자원이 부족한 나라가 러시아, 중국, 일본 등 강대국들 틈바구니에서 살아가기 위해서 우리는 교육에 의존해 왔는지 모른다. ② 거기에다 유교적 전통은 교육과 인문을 숭상하게 되었다. ③ 여기에다 일본의 식민지정책의 영향은 한국의 교육열을 더욱 부채질하여 세계에서 교육열이 제일 높은 나라가 되었다. 대체로 유교적 전통과 식민지 경험을 가지고 있는 나라에서 교육열이 높은 경향이다. 한국도 그중의 한 나라이다.

이러한 높은 교육열의 덕으로 1960~1980년대, 30년 동안에 산업화를 이룩할 수 있었다. 우리의 교육은 그런대로 산업화 시대정신에는 알맞았던 셈이다. 그런데 사회는 지식정보사회로 바뀌었는데 교육은 아직 산업사회교육을 하고 있는 것이다. 한국교육은 지식정보사회에 맞게 전환하지(transform) 못하여 지식정보사회를 지원하지(supporting) 못하는 데 고민이 있다.

여기서는 지난 100년간, 1세기간 한국교육이 걸어온 주요 대목에 대하여 살펴보면서 우리 교육의 고민거리와 전환 방향을 제시해 보고자 한다.

2) 세 줄기 흐름의 잔재

한국교육은 세 줄기 거대한 흐름이 밑바닥에 깔려 있고, 이 세 가닥의 흐름이 서로 뒤섞여서 한국교육의 현상으로 나타난다고 본다.

그 하나는 전통적인 한국교육의 흐름이라고 본다. 전통적 한국교육은 소수 양반과 귀족을 위한 엘리트 중심 교육이었고 정부 관리양성을 위한 것이었다. 그러나 개별화 교육에 가까웠고 통합적인 인간을 위한 인간성 교육이 바탕에 깔려 있었다. 이러한 교육이 AD 372(Taehak, Kyngdang) - 1900까지 계속된 것으로 볼 수 있고 이러한 전통은 지금의 교육의 밑바닥에 깔려 있을 것으로 가정된다.

다른 하나의 흐름은 일본식 식민교육의 흐름이다. 1900년대(실제로는 1883년 원산학교), 20세기 초부터 근대학교가 설립되기 시작되면서 일본의 영향을 받기 시작했고 일본의 식민교육이 시작되었다. 이때부터 공교육(public education)이 시작된 셈이다. 동시에 일본에 대한 저항정신이 민족의식 고취를 위하여 사립계통의 민족학교가 설립되기 시작하여 근대학교가 시작된 것이다. 그래서 우리나라에는 지금도 사립학교를 많이 갖게 되었다. 그래서 지금은 사립학교가 중등학교의 41퍼센트, 고등학교의 77퍼센트를 차지하고 있다.

일본의 식민교육은 중앙집권적이고 통제적이었다. 우리나라 국민을 충실한 일본인으로 만들려는 교육을 하였다. 복종과 순종만을 강요하는 교육을 하였다. 일본인을 위해서는 지배계층을 형성하기 위한 교육을 했고 소수 한국인에게는 일을 부려먹기 위한 기술교육을 시켰었다.

일본식 교육의 영향으로 한국교육 밑바닥에는 강한 중앙집권, 통제, 지시, 명령과 순종과 복종의 교육이 깔려 있을 것으로 본다. 그리고 지배층으로 상승하기 위한 강한 교육욕구, 그리고 우리에게는 지배층을 위한 관료가 되기 위한 인문분야 교육에 대한 욕구를 불러일으켰을 것이다.

또 하나의 세 번째 흐름은 미국교육의 영향이다. 1945년 일본으로부터 해방이 되면서 미군정 교육이 1948년 정부수립 전까지 계속되면서 미국 교육체계와 방식을 한국교육에 심었다. 1948년부터 한국정부에 의하여 한국교육을 해왔으나 현재까지도 미국교육의 영향에서 벗어나지 못하고 있다. 특히 저자를 포함하여 많은 미국 유학을 한 교육들이 우리나라 교육을 하면서 미국교육의 사상과 이론을 한국교육에 실험하여 미국교육의 영향은 자연스런 현상이 되고 강력하게 작용하였다. 여기서 불행한 것은 미국교육의 영향이 아주 강력했음에도 완전히 미국식 교육도 학교에 정착하지 못했다는 점이다. 그것은 교육여건이 미국의 수준에 이르지 못하고, 또 지도자들이 자주 바뀌어 지속적이지 못했기 때문에 미국교육은 완전히 뿌리 내리지 못했다. 거기다 미국의 기후 풍토와 한국의 것이 다르다는 원인도 있었기 때문이다. 또 앞에서 언급한 것처럼 한국교육의 밑바닥에 한국의 전통교육, 일본의 식민지 교육의 전통이 깔려 있기 때문에 완전히 미국교육이 정착할 수도 없었다.

그래서 현재의 우리의 교육은 ① 우리의 전통적 흐름과, ② 일본의 식민교육 전통, ③ 미국교육 영향이 혼재해 있다고 봐야 할 것이다. 그런데 세 나라 교육의 장점만을 따오지 못하고, 불행하게도 단점만이 남아 있는 것 같아 고민이다.

1950년대에는 우리 손으로 우리의 교육을 시작하자마자 한국전쟁으로 모든 것이 파괴되었다. 우리는 어려운 속에서 국민들의 많은 교육적 욕구를 소화해내야 했다. 먼저 우리는 문자해독 교육으로 문맹퇴치를 하고 초등교육에 집중 노력했다. 그래서 1950년대를 우리는 초등학교 연대(年代)라고 부른다. 이 정책은 다음 1960년대 산업화의 기초를 닦고 산업화의 저력이 되어 나중에 성공적인 것으로 평가되었다.

3) 산업사회 교육의 잔재

한국은 1960년대 초부터 갑자기 농경사회로부터 산업화로 전환하기 시작하였다. 그래서 1960~1980년대, 30년 동안에 우리는 산업화를 이룩하고 개발도상국이 되었다. 이것을 '한강의 기적'이라면서 세계 사람들이 놀랬고 우리들 자신도 스스로 놀래 흥분하고, 열광하고, 성취감에 도취되기도 했다. 이러한 흥분과 자만이 잘못된 것이었다. 이것 때문에 결국 1990년대 IMF 관리체제와 경제적 위기를 맞게 된 것으로 본다.

그러면 무엇 때문에 30년 짧은 기간 내에 산업화를 달성할 수 있었을 것인가? 산업화에 성공한 후의 평가는 '교육'이 밑에서 지원해 줬기 때문이었다는 것이었다. 우리의 교육이 그런대로 산업사회 시대에는 알맞았던 셈이다.

우리의 교육은 산업사회의 공장모델이었다. 먼저 적은 돈과 시설, 사람을 가지고 대량 교육을 했다. 저자가 1960년대 초등학교 교사일 때 내 반에 88명의 학생까지 있었던 것으로 기억된다. 일주일에 32시간(40분 1시간) 8개 교과를 가르쳤었다. 지금 우리나라 교육은 수업일수, 학교에 머무는 시간, 교육과정의 양, 지시의 양, 교과목 수 모두 양적으로는 많다.

둘째, 고도로 분업식이고 조립식이었다. 유치원 - 초 - 중 - 고가 연계되거나 이들 사이에 협동이 없었다. 학년간, 학급간 연결과 협동도 안 되었다. 지식을 파편조각으로 나누어 가르치고는 학생들보고 조합하여 스스로 전인(全人)이 되라고 한 셈이다.

셋째, 공장에서처럼 고도로 중앙집권적이고, 통제식이고, 지시적이고, 표준화, 평균적이고, 정형화 · 획일화 교육이었다. 개별화, 다양성, 선택을 보장할 수 없었다.

넷째, 실증주의 철학에 의하여 경험적으로 증명할 수 있는 것만 믿을 수 있는 지식이라고 했다. 객관화, 계량화, 측정, 시험이 강조되었다.

기타 모든 교육 활동이, 학교 활동이 공장과 같았다고 봐야 한다. 1960~1970년대에 우리의 정책지원이 중등교육분야이어서 우리는 이때를 중등교육의 연대하고 한다. 1980년대는 고등교육이 팽창하여 고등교육의 연대라고 하고 현재 고등교육 인구는 해당 연령인구의 78퍼센트다. 고졸자의 83퍼센트 이상이 대학에 간다.

우리는 이 산업시대에 물질을 많이 얻고 GNP의 상승을 보았다. 반면에 우리는 잃은 것도 많다. 물질을 얻는 대신 한국인의 정신을 잃었다. 전통적 가치관과 규범이 파괴되고 윤리도덕이 무너졌다. 다리, 백화점, 지하철, 배, 숭례문, 태안 기름바다의 사고는 모두 윤리도덕이 무너지는 현상이다. 더불어 권위도 사라졌다.

4) 한국교육의 고민

1990년대부터 우리나라의 기운이 내리막길을 걷기 시작했다. 1988

년 국제올림픽을 할 때가 한국은 절정이었다고 본다. 민주화를 한다고 나라의 기강과 질서가 무너지기 시작했다. 민주주의 리더십이 군사정권의 리더십을 슬기롭게 대체하지 못했기 때문이다. 산업화로부터 지식정보사회로 잘 변환하지 못했기 때문이다. 우리는 아직 산업사회의 사고와 구조, 문화에서 벗어나지 못한 채 21세기의 문턱을 넘고 말았다.

그래서 지금 한국교육에서는 교실붕괴 현상이 나타나고 있다. 과거에는 교사가 학생을 통제할 수가 있었는데, 지금은 교사가 학생을 통제하지도 못하고 학생 스스로가 자신을 통제하지 못하고 있다. 우리가 짧은 시간에 갑자기 산업화했던 것처럼 갑자기 학교가 무너지고 있는 것이다.

거기다가 교육개혁을 한다고 중앙집권적, 획일적, 하향식 접근을 하고 있어서 개혁을 확실하게 하지 못한 상태에서 우리 교육의 뿌리가 흔들리는 데 문제가 있다. 교육개혁을 한다고 경제논리, 정치논리로 교육을 접근하는데 한국교육은 중심을 잃고 표류하고 있다.

근본적으로 우리 교육의 고민은 산업사회 공장모형으로부터 지식정보사회, 문화예술사회, 인본사회에 알맞은 21세기형 모델로 전환(transformation)하지 못한 데 있다.

21세기형 교육을 위해서는 먼저 우리의 교육을 인간화(humanize)하고 개별화(personality)교육, 인성교육(character education)을 강조해야 한다. 둘째, 분량과 평등으로부터 질의 교육을 지향해야 한다. 셋째, 분업교육, 파편지식교육으로부터 통합교육의 방향으로 가야 한다. 관계성, 협동, 팀 접근을 해야 할 점도 있다. 넷째, 효과성, 효율성, 중앙집권 관료제, 획일화, 표준화로부터 다양성, 개별화, 선택의 자유가 보장되도록 해야 한다.

지금까지 한국교육의 어두운 면이 많이 부각되었는데 밝은 면도 많이 있다. 무엇보다도 우리는 교육을 중시한 교육열이 높은 나라이다. 지식정보사회에서 중요한 지식정보는 기업이 공장에서 만들어내는 것이 아니라 학교에서, 교육에서 만들어내기 때문에 근본적으로 지식정보사회는 교육열이 높은 한국에게 매우 유리하다. 다만 교육방법만 지식정보사회에 맞게 고치면 된다.

우리는 가능한 한 빨리 경제위기를 극복하고 교육에 투자하여야 하고 우리의 높은 교육열을 지식정보사회의 방향과 목적에 아낌없이 쏟아 부어 교육의 시대에 리더십을 발휘해야겠다. 여러분의 관심과 주의에 감사한다.

2

문제는 교육의 방향감

물에 빠진 사람이 살아 나오려고 정신없이 텀벙대다 제풀에 지쳐 죽게 된다. 어느 방향으로 헤엄쳐 가야 할지, 얼마나 힘을 축적하며 버텨야 할지 생각할 겨를도 없이 살기 위해 온 힘을 다하며 열심히 텀벙대기만 하는 것이다.

1) 교육계 시야 막막

지금 나라의 경제가 어렵다고 한다. 모두가 위기라고 한다. 국민들에게 열심히 일하고 협조해 달라고 한다. 그러나 무엇을 위해서, 어느 방향으로 어떻게, 왜 열심히 해야 하는지에 관한 근본적인 방향감이 없다. 정치도, 경제도, 교육도 모두 안개 낀 것 같다. 정치군들이 기업들로부터 땡전 한 푼 안 받았어도 기업들은 자꾸 도산하며 청와대에서 칼국수만 먹었는데도 그것마저 못 먹게 되어간다. 방향감이 없는 게 문제이다. 방향감만 분명하면 국민들은 지금도 기꺼이 허리띠를 졸라맬 용의가 있다고 본다. 국민들의 마음만 내킨다면 말이다.

교육분야에서도 모두들 열심이다. 공부를 더 이상 할 수 없을 정도로 터질 지경이고, 또 더 이상 열심히 할 필요도 없을지 모른다. 우리나라 학생들의 대부분이 새벽부터 밤늦게까지 열심히 공부하는 것은 모두 인정할 것이다.

우리나라 학생들이 공부하는 것을 보면 오히려 너무해서 문제이다. 아이들은 공부만 하기 위해서 이 세상에 태어난 것이 아니다. 우리나라 교사들도 열심히 가르친다. 고3을 담당한 교사들은 자기 몸을 버리는 줄도 모르고 학생 교육에 너무 열심이다. 대부분의 직원들도 너무 바쁘다. 교육인적자원부나 교육청의 직원들이 일하는 것을 보면 화장실 갈 틈도 없이 바쁘다고 한다. 우리나라 학부모들의 교육열은 세계 챔피언 감이다. 가계비의 대부분을 과외비로 지출할 정도이고 학부모들은 자식, 학교, 학원 눈치보고 비위맞추기에 너무 지쳐 있다.

학생들이 열심히 공부하고, 교사들이 열심히 가르치고, 직원들이 정신 못 차릴 정도로 일하고, 학부모들이 과열이랄 정도로 열심히 자녀교육을 뒷바라지하는데 왜 우리 교육은 잘못되고 있다는 것인가? 이보다 교육하기에 더 좋은 조건은 없다. 교육(부) 예산도 결코 적은 돈이라고는 할 수 없다. 평균 잡아 정부 예산의 20퍼센트 정도를 교육인적자원부에 매년 배정했다면 국가가 교육을 등한시했다고 할 수는 없다. 물론 돈은 많을수록 좋겠지만 말이다.

문제는 교육의 방향감이다. 입시만 끝나면 모두 잊어버리게 되고 또 잊어버려야만 하는 지식을 암기하기 위해 학생들보고 열심히 하라고 하는 것이 문제이다. 교사의 귀중한 시간을 쓸데없는 일로 바쁘게 만드니 문제가 아닐 수 없다.

2) 교육 관료 노력 헛수고

지금 전국의 교사들은 평가 자료 만드느라 지치고 짜증내고 있다. 국제 경쟁력 있는 질 높은 수업준비에 바빠야 할 교사들이 교육개혁과 혁신 계획과 결과 보고에 녹초가 되고 있다. 교육 관료들도 쓸데없는 일을 하면서 아까운 인생을 보내는 경우가 많다.

학부모들도 효도받기를 일찍이 포기한 채 보람도 없이 모든 것을 희생하고 있으니 문제이다.

국가의 교육 지도자가 교육의 방향을 바로잡아 주고 나머지는 밑에다 모든 것을 맡겨야 한다. 전국 획일의 입시도, 교육과정도 제거해야 한다. 교육 관료들도 일을 이제 멈춰야 한다. 내버려두면 오히려 더 잘할 것을 행정을 한다고 하다가 교사와 학생을 괴롭히는 일만 골라하지 않았는지 반성하고 이제 행정하는 일을 줄여 나가야 한다.

3) 교육 방향 정립해야

교과목 수와 수업시간을 대폭 줄이고 그 대신 국민으로서 살아가는 데 꼭 필요하고, 사람 노릇 하는 데 필요한 것만 철저히 가르칠 생각을 해야 한다. 많이 가르치는 대신 각자 가지고 있는 적성과 소질, 능력을 발휘할 곳에 열심히 하도록 해야 한다. 쓸데없는 일로 학생과 교사, 직원, 학부모와 국민을 괴롭히고 바쁘게 만들어서는 안 된다. 중요하지도 않고 필요하지도 않고, 의미도 없는 일에 귀중한 시간과 정력, 돈과 국력을 낭비하지 않도록 국가 교육의 방향을 바로잡아야 하겠다. 지금 우리가 하고 있는 정도만 열심히 해도 교육의 방향을 바로잡는다면 우리는 아직 국제 교육 경쟁에서 승산이 있다.

(대전일보 11. 17)

교육을 걱정한다

우리나라는 자타가 인정하는 교육의 나라이다. 과거에 우리는 제대로 먹지도 못하고 입지도 못하면서 자녀교육에 열중하였고, 또 그렇게 자녀교육에 열중한 대부분의 가정은 기대한 대로 성공하고 출세를 보장받을 수 있었다. 또 그럴수록 교육에 더 열을 올리게 되고 그 열을 과열이라고까지 하였다. 비록 과열이라고 하더라도 교육에 열을 올리는 것이 나쁠 것도 없고 더구나 그것이 죄가 될 수는 없다. 교육 지도자들이 그 교육열을 올바른 방향에 쏟을 수 있도록 방향을 잡아 주는 일을 잘하기만 하면 국민의 교육열을 얼마든지 좋게 볼 수 있는 것이다.

국가적으로 우리가 교육에 힘을 쓴 결과 나라가 이만큼 발전할 수 있었던 것이다. 일제 식민지에서 교육 기회를 잃었다가 겨우 우리 손으로 우리의 교육을 시작하자마자 6.25를 만나 잿더미 속에서도 교육에 힘쓴 결과 그 교육받은 인구가 60, 70, 80년대 우리나라 산업화에 크게 이바지했던 것이다. 결국 교육이 오늘날의 우리나라를 건설한 셈이다.

그런데 교육에 있어서의 문제는 여기서부터 시작된다. 교육이 우리나라 산업화의 경제 건설에 기여하고 뒷받침 해줬으면 이번에는 반대로 거기서 번 돈을 재빨리 교육에 재투자했어야 국가가 균형 있게 발전할 수 있을 것인데 그동안 경제가 교육을 외면한 결과 이제는 경제와 함께 교육의 둘을 동시에 걱정하게 되는 것이다.

이제는 교육은 말할 것도 없고 경제까지 뻗어 나가지 못하고 멈춰선 것이다. 더구나 산업화와 함께 가치의 중심이 정신으로부터 물질로 옮겨가게 되면서 교육은 정신도 잃고 물질도 잃어 두 마리 토끼를 다 놓치게 되면서 더욱 처참하게 되었다. 그래서 예를 들면 교사들은 정신적 존경도 잃고 물질적 대우도 잃어, 결국 교육 의욕을 상실하고 있다. 정신을 잃은 우리 사회는 지금 무질서를 연출하고 있다. 다리가 무너지고, 기차가 곤두박질치고, 배가 가라앉고, 비행기가 떨어지는 것은 바로 우리 사회의 윤리·도덕 정신이 떨어지고 교육이 허물어지고 있다는 증거이다. 과거 30여 년간 산업화에 눈이 어두워 교육과 정신을 무시한 업보를 지금 받고 있는 것이다. 지금이라도 교육을 되찾고 바로 세우지 못하면 앞으로 더 많은, 더 큰 것이 내려앉을 가능성은 불을 보듯 뻔하다.

교육은 더 이상 걱정만 하고 있을 것이 아니다. 교육에서도 개혁의 목소리가 높아지고 있으나 너무 형식과 구호, 보고서 작성에 그치는 것 같아 안타깝다. 근본적인 개혁적 결단이 요구된다. 우선 서너 가지 주요 개혁 과제와 해결방향을 제시한다.

첫째, 대학 입시가 우리나라 교육을 멍들게 하고 있다. 입시 때문에 우리나라 전체에 따르는 금전적, 시간적, 정력적 낭비는 이루 말로 표현할 수 없다. 지금 입시로 인한 부작용으로 낭비되는 자원만 정상 교육, 창의력 교육에만 바친다고 해도 선진국으로 진입하는 데 크게 도움이 될 것이다. 입시의 문제는 시험 제도나 과목만 바꾸는

잔기술 가지고는 도저히 해결이 안 된다. 교육 대통령이 나서야 할 때이다. 우리나라 문화·역사·전통·사회구조 등 모든 것과 깊이 관련되어 있기 때문이다. 근본적인 해결 방법으로는 대학에 갈 필요가 없게 만드는 일이 첫째이다. 고등학교만 나와도 손해 볼 것이 없게 만들어 줘야 한다. 직장마다 일정 비율의 고졸자를 의무적으로 고용하고 보수, 승진, 발전에 손해 볼 것이 없도록 제도적·법적 보장을 해줘야 한다. 일류 대학이 모든 것을 독점하지 못하도록 배려를 해야 한다. 예를 들면, 대통령이 장관 임명하는 것부터 몇 개 대학 출신에게 편중되지 않도록 하는 과감한 조치가 따라 붙어야 한다. 대학 안 가도, 일류 대학 못 가도 살아가고, 출세하는 데 지장 없도록 하는 근본적인 해결책을 찾아야 한다.

입시 문제의 두 번째 근본적인 해결책으로는 어떤 형태로든 시험 공부의 효과를 보지 못하도록 하는 방법을 강구하는 일이다.

정상적인 학교 교육을 받은 학생에게 오히려 유리하게 하는 학생 선발 방법을 강구해야 한다. 고등학교 교육과정을 어기면서 입시 준비하는 학교와 학생을 우선 배제시키는 방법도 생각할 수 있다. 나라 전체가 입시에 놀아나게 만들어 놓고 거기서 즐기고 재미보고 있는 셈이다. 고등학교 교육목표에 충실하기 위한 결단을 내려야 한다.

둘째, 가르치는 사람의 측면에서 철저한 교원 양성과 교사에 대한 대우 없이는 우리나라 교육은 근본적으로 성공할 수 없다.

교육은 사람이 사람을 가르치는 일이다. 정신적, 물질적 대우가 좋지 않기 때문에 우수 집단에서 교원 희망자가 없고, 교사 양성 교육도 거칠고 교원의 사기와 의욕 저하로 우리나라 교육은 지금 위기를 맞고 있다. 2세 국민을 가르치는 교사가 지적으로 낮은 수준에서 충당되고 그나마 의욕과 사기마저 떨어져 있다면 개혁은 해보나 마나이고 그 민족 그 팀은 희망을 걸 곳이 없다. 국가는 지금까지 계속 저질 교사를 뽑고, 교사의 기를 죽이는 정책만 써 온 셈이다. 결과적으로 그렇게 나타난 것이다. 교사교육만은 일제보다도, 해방 직후보다도 계속 나쁜 쪽으로만 바뀌어 왔다.

아무리 교육제도를 바꾸고 개혁을 해도 교사교육 정책을 이대로 놔두고는 모든 것이 허사라는 분명한 사실을 알아야 한다. 군인 출신 지도자들이 교사를 경시하고 기획예산처·재경부 사람들이 자기들 자녀를 가르치는 교사를 우습게 여긴 결과 교사들은 대충 교육을 하게 되고, 거친 교육은 어른 부재, 사회 무질서로 표출되게 된 것이다. 거기다 물질 만능의 사회 풍조를 부채질했던 것이다.

지금이라도 정신을 차리고, 가르치는 교사들에게 최고의 대우를 해주도록 개혁적 조치를 하여 우수 인력을 교직으로 끌어들이고 사기충천하도록 해야 한다. 최고의 대우 속에는 두말할 것도 없이 물질적 대우와 함께 정신적 대우가 합쳐져야 한다. 교사가 예뻐서라기보다도 자라나는 국민들을 제대로 가르치기 위해서이다.

셋째, 교육과정의 측면에서 인간으로서 필요한 바탕 교육, 기초 교육에 철저하고 나머지를 소질 개발·전문 교육에 할당하도록 고려해야 한다. 인간성 교육을 공통기초·필수로 하여 철저한 교육을 하고 자질 개발·전문교육은 다양한 선택의 기회를 제공해 줘야 할 것이다. 가르치는 교과목 수와 내용의 분량을 최소한으로 줄이고, 그 대신 몸에 밸 때까지 철저한 교육을 해야 한다. 양으로부터 질로 전환을 해야 할 시점이다. 선택에서는 창의성 교육의 기회를 충분히 제공해 줄 수 있어야 한다. 학생들에게 생각할 수 있는 시간을 충분히 줄 수 있도록 교육과정이 운영되어야 한다. 사람 만드는 교육에 실패하면 고도의 과학과 기술, 지식 교육도 쓸모없고 오히려 해악이 될 수 있다는 것을 우리는 이미 너무 많이 보아 왔다. 교육개혁을 교육의 질에 초점을 맞추지 못하면 또 다른 낭비를 낳고 만다. 우리는 교육의 질에 모든 승부를 걸어야 한다. 한 나라의 장래는 그 나라 교육의 질에 달려 있다.

넷째, 교육 투자가 최우선 과제이다. 교육할 사람과 교육 내용과 함께 우수한 교육시설·자료의 확보 없이는 교육을 하기 어렵다. 앞에서 말한 우수 교사의 확보를 위해서도 엄청난 교육투자를 필요로 한다. 과거에 경제가 교육을 외면한 결과 한 나라의 정신적 기반인 교육이 부실하게 되어 엄청난 일들이 자주 벌어지고 있다. 지금 GNP의 5퍼센트만 교육에 투자하면 교육이 엄청나게 달라질 것처럼 온통 매달리고 있지만 교육이 국제 경쟁력을 가지려면 그것 가지고는 이미 늦어버린다. 일본을 따라 가려면 일본보다 교육에 더 투자하고 미국이나 캐나다를 붙잡으려면 이들 나라보다 몇 배나 더 투자해야 하는 것은 너무나 당연한 이치이다. 선진국들은 GNP 덩어리 자체가 우리보다 더 크다는 사실도 감안해야 한다. 지금까지 보면 개인적·가정적으로 보나 사회적·국가적으로 보나 교육에 대한 투자만큼 실속 있고 보장된 정확한 투자는 없었다. 교육 재정투자가 없이 구호나 외치고 표어를 써 붙이고 어깨띠나 둘러매는 식의 정책을 가지고는 교육에서 승산을 기대하기 어렵다.

그동안 교육을 소홀히 한 효과(부작용)가 사회 구석구석에서 총체적으로 나타나고 있는데도 이를 인간교육을 통해서 근본적으로 처방하려 하지 못하고 또다시 땜질하려는 데 실망하고 걱정하지 않을 수 없다.

교육행정학도는 정치인, 경제인, 국가의 지도자들에게 올바른 교육의 방향, 정책의 방향을 제시해줘야 한다. 우선 우리나라 교육이 정상적으로 굴러갈 수 있도록 해야 하겠고, 나아가서 냉혹한 국제적 교육의 질 경쟁에서 승자가 되려면 교육의 본질에 개혁정책의 초점을 맞출 수 있도록 해줘야 한다. 입시 개혁으로 우선 교육의 정상화

를 꾀하고 다음으로는 교육하는 교육재정의 네 가지 측면에서 우리
의 교육 문제를 풀어나가야 할 것이다.

(1994. 12. 31 한국교육행정학회 소식 45집)

4

교육위기 극복의 길

20여 년 전, 저자가 미국에서 박사과정을 마치고 귀국하려 할 때, 동료 교포들이 중학 2학년, 초등 1학년짜리 우리 아이들을 맡아서 미국에서 교육시켜 줄 테니 제발 떼 놓고 가라고 했다. 교육환경이 여기가 훨씬 낫지 않느냐는 것이었다.

우리 아이들이 남의 나라 미국에서는 그렇게 학교 가기를 좋아했는데 자기 나라에 와서는 학교가 싫다니 부모인 나의 가슴은 미어지는 듯했다.

결국 우리 아이들은 암기과목에서 실패해 한국에서는 일류대학을 못 들어갔고 그 후 미국 명문대학에서 박사학위를 따 가지고 왔으나 지금도 계속 설움을 받고 있다.

자기 나라 의무교육을 포기하고, 때로는 우리나라 국민이기를 기권한 채 교육이민을 떠난다고 하는데도 그리고 교육이 붕괴되고 나라가 무너진다고 하는데도, 우리 지도자들은 위기의식을 못 느끼고 있다. 국민들이 배신감을 느낄 만도 하다. 그리고 지도자에 대한 불신이 교육 불신으로 이어지고 있다.

교육이 무너지면 우리는 영원히 희망을 가질 수 없다. 교육은 국가를 지키는 마지막 요새이기 때문이다.

교육에 힘쓴다는 나라가 왜 이 모양이 됐는가, 교육과 교원을 우습게 본 결과다. 산업시대에 벌어들인 돈을 교육에 투자하지 않고 싸구려 교육을 계속했기 때문이다. 산업화로 경제는 그런대로 중진국 수준이며 국민들의 교육에 대한 기대는 어느 나라보다 높다.

정치지도자들은 교육에 대한 방향감도 없이 몇 개월마다 교육부장관을 갈아치우고 즉흥적으로 교육법과 제도를 바꿔치기하고 있다. 교육관료들은 교육인적자원부에 '세(勢)불리기'나 하고 교원과 교육현장에 이반된 정책이나 내놓고 고령교사 1명 내쫓으면 청년교사 2.59명을 쓸 수 있다고 서슴없이 거짓을 하고 있으니 교육이 무너지는 것은 당연하다.

교육개혁을 한답시고 교육공로자를 무능·체벌·촌지교사로 몰아붙이고 감당도 못할 정년단축으로 교육 공백을 초래하고 말았다. 여기에 덩달아 학부모·학생까지 돌을 던졌다. 정부는 교직 사회를 계속 갈등구조로 몰고 갔다. 스승은 무슨 스승이냐 노동이나 해서 성과급이나 타먹으라고 했다.

교육문제를 교육본질과 교육논리로 풀지 않고 엉뚱한 정치·경제논리로 몰아붙인 결과, 교사들은 교육력을 잃고 구경꾼으로 내몰렸다. 장관, 관료, 여권인사 몇 명이 교육을 주무르고 헛 똑똑이 학부모 단체 대표들이 여론조사나 해서 교육을 좌지우지하고 있는 실정이다. 이러고도 교육이 잘되기를 바라는가?

이제라도 교육에 투자해야 한다. 그래서 싸구려 교육이 아니라 질 높은 교육을 해야 한다. 평준화에 만족하지 말고 우수성과 최고를 지향해야 한다. 능률과 효율성 타령만 하지 말고 다양성과 독창성, 선택의 자유, 개별화를 지향해야 한다. 이게 모두 돈 들어가는 일이다.

기초교육에 철저하고 인간성 기르기에 최우선 순위를 두어야 한다. 기초가 있어야 창의성도 나오고 지식정보도 창출·활용할 줄 알게 된다.

그리고 교원의 명예를 회복해 주고 자존심을 되찾아 주어야 한다. 교원은 자존심과 명예를 먹고 산다. 물질적 대우와 함께 심리적·정신적 대우를 해 줘야 한다.

우수한 사람들이 교직에 몰려야 우리는 21세기의 승자가 될 수 있다. 지금처럼 교사가 부족해 땜질식으로 이뤄지는 교원수급으로는 어림도 없다.

교육은 망가지고 추락하기는 쉬워도 일으켜 세우기는 쉽지 않다. 성수대교, 삼풍백화점이 순간에 무너졌듯이, 우리 교육도 최근 한두 정권 사이에 갑자기 걸잡을 수 없이 무너져 버렸다. 반세기, 일세기에 걸쳐 다시 일으켜 세워야 할 것이다.

여기서 가장 중요한 것은 정부와 지도자, 관료들의 신뢰 회복이다. 정부의 신뢰 회복이 교육 신뢰 회복의 길이고 또 교육재건의 열쇠가 된다.

(한국교육신문, 2001. 4. 2)

5

공교육의 질 향상이 더 급한 과제

정부는 현재 읍·면 지역까지 실시하던 중학교 무상의무교육을 2002학년도부터 2004년까지 3년에 걸쳐 전 지역으로 확대했다. 이에 따라 2002년도 신입생부터 중학생 납입금 중 수업료, 입학금, 교과서대 등 일인당 연 52만 원 정도를 면제받게 된다. 정부는 이에 소요되는 추가예산을 7,620억 원으로 추정하고 있다. 그러나 완전한 무상은 아니다. 15만 원 정도의 육성회비와 급식비, 학습재료비, 학용품비 등 잡비는 개인이 부담해야 하기 때문이다. 완전무상으로 하게 될 경우 완성년도인 2004년에 2,822억 원이 더 필요한데 이 예산을 조달하지 못해 형식상이라도 완전무상이란 꼬리표를 떼지 못하고 미완의 무상의무교육이란 이름으로 다음 정권에 넘겨주게 된 것이다. 그리고 무상의 혜택을 받던 읍·면 지역 학생, 생보자, 공무원 자녀, 일부 기업체의 학비보조금을 받던 학생 등의 수가 전체 학생의 40퍼센트 이상이었다는 점을 감안하면, 실질적 혜택을 받는 학생은 나머지 60퍼센트에 불과해 이번 조치를 교육을 위한 획기적인 조치라고 평가할 수 없다는 게 교육전문가들의 입장이다.

다른 교육예산을 줄이지 않고 궁색하나마 한 푼이라도 더 증액교부금을 받아 교육예산을 늘린다니 교육계나 학부모로서는 환영할 일이다. 이는 86만 명에게 연 52만 원의 수업료·입학금·교과서대를 면제해 준다는 의미이다. 이번 조치는 이것 외에 더 이상 의미를 부여할 게 별로 없다. 2004년까지 7,620억 원의 교육예산을 늘린다는 의미이다. 억지로 하나 더 의미를 찾는다면 지역 불평등을 없앴다고 할 수 있을 것이다.

이미 법적으로 중학교의무교육은 실시하고 있었던 것이고, 그렇다고 '무상'의무교육을 한다고 내세우거나 우겨댈 수도 없는 입장이다. OECD 국가 중에서 우리나라는 여전히 제일 짧은 기간의 의무교육을 하고, 심지어는 어렵다고 하는 북한의 의무교육 기간인 11년보다도 2년이나 더 짧다. 또 중학교에 진학하지 못할 학생이 이번 조치로 중학교에 더 진학하게 되는 것도 아니다. 중학교 진학률은 이미 100퍼센트나 다름없었기 때문이다. 지난해의 경우 겨우 30명만이 중학진학을 포기했었다는 것이다.

교육의 나라 대한민국이 왜 이렇게 교육에 대하여 인색해졌는지 모르겠다. 그것도 개인교육, 사교육에는 헤프면서 국가교육, 공교육에는 국제비교할 때 비참할 정도로 인색하다. 우리가 교육에 힘쓴 덕으로 산업화도 앞당기고 나라가 이 정도라도 발전하게 된 것인데 말이다. 산업화에서 벌어들인 돈을 교육에 재투자하는 데 인색했던 결과, 지금 국가의 구석구석이 붕괴되고 있는 현상을 눈으로 직시하고 있으면서도 국가가 교육에 이렇게 인색할 수 있는가? 교육에는 인색하면서 부정·부실한 기업과 은행에 끝도 없이 천문학적 공적자금을 퍼붓는 관료는 물론 정치집단의 도덕적 해이와 정신상태를 국민들은 의심하지 않을 수 없다.

지금 이 시점에서 중학교 수업료 면제가 급한가, 아니면 공교육 내실화에 의한 교육의 질 향상이 더 급한가? 산업시대는 양이었지만 지식정보시대는 질이란 걸 모른단 말인가? 지난해 공교육 내실화에 5년간 34조 원 이상의 추가 재원이 요구된다고 발표한 교육부가 7,620억 원으로 이를 덜어버리고 생색내려 한단 말인가? OECD 국가와 비교할 필요도 없이 지금 급한 것은 학급당 학생수, 교사 일인당 학생수를 한 명이라도 더 줄이기 위해 교사 수를 늘리고, 컨테이너 교실을 없애는 일이다. 우수한 교사를 확보하고, 교사의 사기를 충천하게 만드는 데 한 푼이라도 더 투자하는 게 더 급하고 중요하다고 본다. 교재·교구·매체의 정교화와 고급화, 교육여건과 환경을 개선하여 교육의 질을 향상시켜 한국교육이 국제 경쟁력을 갖게 하는 데 국가와 민족의 역량을 총집중해야 할 때이다. 지금 우리의 교육은 국제경쟁력은 고사하고 국내 사교육과의 경쟁력도 잃고 있는 실정이다.

국민이 세금을 더 내는 한이 있더라도, 납입금과 기부금, 지원금을 더 받는 한이 있더라도 질 높은 교육서비스를 국민에게 제공해 줄 수 있어야 한다. 교육의 질을 높이는 데는 물질적인 시설이나 환경보다도 교사라는 변인이 더 중요하다. 교사에게 최고의 대우를 해 주어 우수한 사람이 교직으로 모이게 하고, 대신 교사에게 무거운 책임을 물어야 한다. 일본이 교육투자에 비하여 많은 교육성과를 얻고 있는 것은 우수교사 확보 때문이라고 본다.

지식정보사회에서 지식과 정보를 어디서 만들어 낼 것인가? 총체적 도덕적 해이의 현실에서 도덕은 또 어디서 만들어 낼 것인가? 산업시대에서처럼 도덕을 공장에서 만들어 낼 수는 없다. 모두 교육에서 만들어 내야 한다.

지식정보사회에서 교육이 무너지는 것은 산업사회에서 경제가 무너지는 것보다 더 무섭다. 교육의 나라에서 교육에 인색하면 우리 민족의 앞날에는 희망이 없다.

(새교육, 2001. 3, 중학무상의무교육 화대에 부쳐)

6

교육 생존전략, 질에의 승부

잘 사느냐 못 사느냐, 돈을 많이 버느냐 조금 버느냐가 문제가 아니라, 이제는 이 지구상에 살아남을 수 있느냐 없느냐 하는 생존 자체가 문제이다. 이것은 국가나 기업체, 조직이나 기관뿐만 아니라 개인에게도 똑같이 적용된다.

지금 국가도 민족별로 갈라지고 독립하여 새로 태어나는 나라가 있는가 하면 흔적도 없이 사라지기도 한다. 옛 소련은 이 세상에서 생존하지 못하고 스스로 국가라는 이름을 내린 대표적인 나라이다. 이제 국가 간에는 이념 대결을 버리고 살아남기 위해서 노력하고 있다. 이념대결, 정치대결, 군사대결을 버리는 대신 경제적 힘겨루기를 하고 있다. 정치적·군사적 국경은 높이 쌓도록 인정해주는 대신 경제적 국경은 허물라는 것이다. 우루과이 라운드다, WTO다, FTA다 하여 전 세계를 국경 없는 하나의 시장으로 하여 자유경쟁을 하자는 것이다. 말하자면 샅바도 없이 놓고 치기 씨름을 하자는 것이다. 이렇게 되면 강대국에게 유리할 것은 뻔한 사실이다. 세상은 강자의 논리에 의하여 돌아가고, 약자는 항상 생존 자체에 위협을 느끼게 된다.

기업체들도 돈벌기를 포기하다시피 하고 생존과 유지에 더 신경을 써야 할 판이다. 우리나라 기업의 평균 생존율은 그동안 20퍼센트 정도였다. 80퍼센트가 사망률인 셈이다. 1960년대의 10대 재벌 중 현재 2개만이 생존을 유지하고 있고, 1965년을 기준으로 할 때 당시 100대 기업 중 겨우 16퍼센트만이 생존하고 있으며, 1975년을 기준으로 할 때는 25퍼센트가 살아남았다는 것이다. 1996년도에 우리나라에서 하루 평균 30개씩 중소기업이 망했다고 하더니 1997년 5월에 들리는 소식에 의하면 하루 평균 49개 기업체가 망했다는 것이다. 중소기업뿐만 아니라 거대 건설회사도 쓰러졌고, 한보그룹도 한신공영도 부도를 냈다. 기업체들도 이 세상에 간판을 걸어 놓을 수 있는 자체를 다행으로 여기고 있는 실정이다. 대기업도 자기 제품을 만들어 팔아 돈을 벌기를 이미 포기하고, 다른 나라 물건을 국내로 수입해 들여와 팔아서 돈벌기에 매달리고 있다.

이제 양의 시대는 가고 대신 질의 시대가 왔다. 저질의 물건을 많이 만들어 싼값으로 팔아 고수익을 남기던 시대는 가고, 이제는 고품질을 만들어 고가로 팔아 고수익을 남기는 전략을 쓰지 못하면 망할 수밖에 없다. 소품종 대량 생산이 아니라 다품종 소량생산, 주문생산으로 고객의 입맛에 맞춰야만 살아남을 수 있게 된다. 세계의 입맛이 변하여 양에서 질로, '배 채우기'에서 맛으로, 서비스로, 분위기로 돌아섰다. 돌아선 고객의 입맛에 맞추지 못하면 기업이나 조직은 생존할 수 없게 된다.

그런데 우리의 기업체들은 양에서도 밀리고 질에서도 밀리는 샌드위치 신세가 되어 생존의 어려움을 겪고 있다. 기업을 하자니 땅값 비싸고, 금리·임금 모두 비싸고, 또 행정규제도 많고, 뇌물이 들어가야만 하니 자유경쟁의 벽을 넘기 어렵게 되어 있다. 어떻게든지 질의 벽을 뚫어야 살아남을 수 있게 된다.

개인도 살아남기 위해서 몸부림치지 않으면 안 된다. 대학을 나와도 많은 사람들에게 나아갈 길이 막혀 있다. 지난 30여 년 동안 성장 위주의 경영으로 일자리가 많이 있었으나, 이제는 졸라매기 경영으로 가지 않으면 기업이 쓰러지게 되었다. 그래서 조기퇴직, 명예퇴직으로 떨려 나가는 사람이 생기게 되었다. 평생직장인 줄 알고 일해 왔는데 어느 날 갑자기 나가라니 하늘이 무너진 것 같지 않겠는가?

교직에서 떨려나간 사람뿐만 아니라 남아 있는 사람까지도 불안을 느끼게 되고, 충성하고 싶은 마음을 사라지게 하는 것이 더 문제이다. 남아 있는 직원들도 심리적으로 미리 떠날 준비를 하지 않으면 안 된다. 더 큰 문제는 우리나라 사회 전체가 불안에 떨게 되었다는 점이다. 개인도 조직 속에서 살아남고 봐야 한다.

이제 교육도 생존교육을 해야 한다. 지금까지 교육부문과 학교, 교직은 가장 안전하고 바람타지 않는 무풍지대였다. 그러나 이제 교육도, 학교도, 교직도 자유경쟁의 시장경제원리에 나서야 한다. 학부모에게 학교선택권을 주는 나라에서는 학부모와 학생이 학교를 선택해주지 않으면 그 학교는 망하게 되고, 그 학교에서 근무하던 교직원은 직장을 잃게 되고 있다. 또 외국에서는 사립학교와의 경쟁에서 공립학교는 밀리게 되고, 심지어는 영리 사설 학교가 생겨나 학교운영위원회와 계약을 맺고, 교육을 도맡아 하게 되는 일이 많이 생겨나게 되면서 공립학교의 존립에 위협을 느끼게 되고 있다. 교육의 주인이면서 소비자인 학교운영위원회는 자기의 자녀를 잘 가르쳐 줄 것이라 확신을 갖게 되는 교육회사와 계약을 체결하게 된다. 교육과 학교의 민영화 현상이 벌어지고 있다. 공립학교에서 질의 교육을 보장해 주지 못하면 학교의 존재이유 자체를 거부당하게 된다. 심지어는 자기 자녀를 학교에 보내지 않고 자기 집에서 자기 자신이, 아니면 다른 사람을 고용하여 가르치겠다고까지 한다. 교사의 입장에서는 일단 자기가 근무하는 학교가 이 세상에 존재하고 봐야 한다. 학교가 없어지고 나서는 어떤 변명을 해도 아무런 의미가 없다.

이제 우리나라의 교직도 성과급제다, 교장 초빙, 교사 초빙제다, 명예퇴직제다 하여 차차 자유경쟁의 무대로 나가고 있다. 학생수가 줄어드는 곳에서는 교사도 줄어들 수밖에 없다.

그리고 내 교육, 우리 학교의 교육, 내 나라의 교육을 받고 나간 학생들이, 직장에서, 사회에서, 국제무대 경쟁에서 살아남을 수 있어야 한다. 학교에서는 경쟁에서 패배하는 사람을 교육시켜 내놔봐야 아무런 의미가 없게 된다. 생존경쟁에서 지지 않으려면 질 높은 교육을 해야 하고, 질의 교육이 곧 생존교육이 된다.

우리나라의 교육은 그동안 양적으로는 성공하였으나 질적으로는 실패했었다. 국가가 6·25 등 어려운 시기에 놓여 있었음에도 불구하고 초등교육을 의무교육으로 하여 그렇게 많은 학생을 다 가르쳐 내놓고, 지금은 고등학교까지 거의 의무교육화되는 정도에 이르렀다. 그리고 대학교육까지 해당 연령 인구의 54.6퍼센트까지 취학하게 되었다. 그러나 대량교육에서 성공한 것만큼 질의 교육에서 실패한 것은 부인할 길이 없다. 학생들의 학교생활은 수용소 생활, 감옥소 생활에 비유될 정도이고 질식할 정도이다. 교사 대 학생의 비는 높고, 학교의 시설은 19세기 시설에 비유되고, 교사의 교수방법은 분필과 칠판의 장벽을 넘지 못하여 20세기 구시대라고 한다. 학생들은 배우기 위해 학교에 가기도 하지만 거기서 살고 있는 것이다. 학교교육의 질이 곧 그들의 삶의 질이 된다. 배우고 난 후의 삶의 질보다도 배우는 동안의 삶의 질이 더 절박하다.

우리나라의 정치수준, 기술수준이 떨어졌다고 우려하는 목소리가 높은데 이보다 더 걱정되는 것은 우리의 의식수준, 정신수준인 것이다. 이것도 교육의 질을 가지고 높여 주지 않으면 안 된다. 문화수준, 예술수준, 윤리·도덕수준이 곧 선진국의 중요한 척도일 것이다.

이것들도 교육이 뒷받침해 주지 않으면 안 된다. 우리의 교육은 생존경쟁을 위해서도, 삶의 질 향상을 위해서도, 선진국 진입을 위해서도 질의 교육에 초점을 맞추지 않으면 안 되게 되어 있다.

기업체에서 물건 만들기에 질 관리 운동을 벌이고 있는데, 이런 질 관리 운동은 기업체에서 먼저 할 일이 아니라 교육에서 먼저 했어야 할 일이다. 질 높은 사람을 교육해 놓으면 물건의 질을 높이는 것은 누워 떡먹기였을 것이다. 물건의 질이 문제인가 아니면 사람의 질이 더 문제이겠는가? 불량인간을 양산하는 거친 교육을 가지고는 모든 것이 허물어질 수밖에 없다. 다리가 무너지고, 백화점이 무너지고, 기차가 떨어지고, 비행기가 곤두박질치고, 배가 가라앉고 숭례문이 불타는 것보다 우리나라에 있어서 윤리·도덕, 사회기강이 무너지는 것이 더 문제이다.

더 좋은 교육(better teaching)만이 국가 생존의 유일한 해답이라는 신념을 갖고 교육의 질 향상을 국가의 최우선 과제로 삼아야 할 것이다.

('95 경기도 의정부교육청 교육의 질 연구회 강의 원고)

7

교원 우롱정책

교육인적자원부는 '2년 반' 만에 「교직발전 종합방안」을 "21세기 지식기반 사회에 대비한다"면서 내놓았다. 한마디로 '21세기'를 웃기고 '지식기반사회'를 우습게 보는 방안이라고 할 수 있다. 차라리 발표 안 한 것만도 못하다. 교원의 사기를 꺾고 우롱하는 행위라고 하지 않을 수 없다.

첫째, 교육관리들의 지연전술·임기응변에 분노하지 않을 수 없다. 1998년부터 교원정년단축 문제가 터지고 1999년 1월 6일에 입법화되어 교원의 사기가 떨어지고 교원들이 동요하자 이를 달래기 위해 대통령은 1999년 1월에 대책을 강구하라고 지시했다. 이에 교육부는 1999년 2월 업무보고 시 1999년 상반기까지 '교직발전 중·장기종합대책'을 내놓겠다고 했고 1999년 4월 12일 국정보고 시 '새 학교문화 창조를 위한 교직사회 활성화'를 보고했다. 그러나 대통령은 '교권확보책'을 세우라고 지시했고 교육부는 1999년 5월 11일 스승의 날을 맞이하여 '교원의 전문성, 권익 및 후생·복지 향상 대책'을 내놨다. 하지만 이것도 청와대와 교원을 만족시키지 못하자,

1999년 6월에는 8월까지 교직발전 종합방안을 확정한다고 했다. 그리고 1999년 12월 24일에야 겨우 시안이란 것을 발표하고 2000년 9월에 확정한다면서 '교직 발전협의회(위원장 교육부차관)'까지 구성했다. 2001년부터 시행한다며 2000년 1년 내내 공청회 한다고 떠들고 다니기만 하다가 2001년 스승의 날에 재탕으로 한 번 더 터뜨렸다. 2년 반 만에 나온 이번 방안은 내용도 없고 실현가능성도 없는데 왜 발표했는지 그 목적이 의심스럽다. 시안 만드는 데 1년, 공청회에 1년, 주물럭거리는 데 반년 까먹는 사이에 교육인적자원부장관은 이해찬, 문용린, 김덕중, 송자, 이돈희, 한완상 6명이 바뀌고 여러 담당관리의 손을 거쳤다. 그 사이 확보도 하지 못하면서 소요재정을 3조 6천억(1999년 12월안)에서 7조 7천억으로 늘려 놓기만 했다. 결국 이들은 대통령의 지시를 어기고, 또 그때그때 임시변통으로 보고하고, 직무를 유기한 것으로밖에 볼 수 없다. 무슨 대단한 걸작을 내놓는 것처럼 기대를 걸게 하며 국민과 교원을 우롱하고 농락한 것이다. 담당공무원을 먼저 엄중 문책해야 할 것이다. 이들은 결국 정권의 임기가 끝나기만 기다리며 시간만 끌었다는 의심을 받기에 충분하다.

둘째, 31개 추진과제를 제시했으나 획기적인 '교직발전' 방안으로 보기도 어렵고 알맹이도 없다는 것이다. 이 내용에 대하여는 더 이상 언급하고 싶지도 않다.

셋째, 교직 '말살' 방안 하나를 슬그머니 끼어 넣었다는 점에 주목해야 한다. 그것은 바로 '전문직업인의 교직입직 방안 마련'이란 것으로 "교육목적상 필요한 경우 전문적 직업경험을 가진 유능한 인력들이 교직에 입직할 수 있도록 2001년도 중에 초·중등교육법 개정을 한다"는 것이다. 교원이 되고 싶으면 자격증을 따고서 들어오면 될 것인데 교원자격증도 없이 교직에 입직하게 한다는 것이 교직발전 방안이라고 할 수 있겠는가? 교직말살 방안인 것이다. 그리고 오늘날과 같은 교직 상황에서 '유능한 전문직업 경험자'가 왜 좋은 직업을 버리고 하필이면 열악한 교직에 들어오려고 하겠는가? 이것은 '일반인 교직론'이고, 바로 지금까지 관리들이 꾸준히 관철하려 했던 '일반인 교장론', 노조들의 '무자격 교장론'의 일환이라고 보는 견해가 유력하다. 진정 21세기 지식기반 사회를 대비한다면 교직의 전문성을 더욱 강화해야 할 판인데, 왜 이 시점에서 절실하지도 않은 이 문제를 교직발전방안이라며 끼워 넣었는지 그 기안자의 의도를 따져야 할 것이다.

돈 안 들이고도 교원을 정신적으로 존경하고 우대하고 명예스럽게 해줘도 사기충천하게 할 수도 있다. 그런데 나라 돈을 명퇴금으로 내버리며 유능한 교원들을 불명예스럽게 내쫓아 놓고, 또 세금을 낭비하여 기간제 교사로 다시 불러들여 무책임하게 교육을 맡기면서 교원의 사기와 교육을 무너뜨려 놓고는 이제는 또 돈 들여 교원의 사기를 높인다니 누가 이 정부와 관리들을 신뢰하겠는가? 교심이반(敎心離叛)과 민심이반(民心離叛)만 부채질할 뿐이다. 이런 때는 차라리 교원과 학생들을 조용히 그냥 내버려두는 것이 도와주는 일일지 모른다. 이 지경에서 그래도 교원의 관심을 끄는 일을 한다면 지저분한 것 여러 개 끌어다 붙이기보다 차라리 한 가지라도 아주 획기적인 것을 취하는 게 나을 것이다. 예를 들면 2005년까지 교직발전종합방안에 7조 7천억을 투입한다는 것을 '교재연구비' 한 가지로 전 교원에게 투입하는 게 나을지도 모른다.

동요하는 교직사회를 진정시키고 교육위기를 극복하려면, 정부는 먼저 교육정책 실패를 시인·사과하고, 교원의 정년을 환원하여 교원의 명예를 회복시켜주고 나서, 정책입안자를 엄중 문책하고, 한 가지라도 국가의 총 역량을 집결하여 획기적인 교직발전안을 제시·실천하여 교원에게 무엇인가 하나라도 보여주는 동시에, 교원을 존중·존경하고, 교육을 국가발전의 최우선 의제(아젠다)로 삼아야 할 것으로 본다.

(새교육, 2001. 7)

8

교원과 교직을 보는 눈

정권교체와 IMF 관리체제를 계기로 교육계에 두 가지 문제가 이슈로 떠오르고 있다. 하나는 교원의 정년을 61세로 단축하는 문제이고, 다른 하나는 전교조 합법화 문제이다. 전자는 없던 일로 하여 일단 가라앉았으나 언제 또다시 표면에 떠오를지 모르는 문제이고(현재 62세로 단축), 후자는 앞으로 극심한 논란이 예상되는 문제이다(이것도 글 쓴 후 합법화).

그러나 둘 다 교원과 교직을 어떻게 보느냐에 따라 입장과 주장이 엇갈릴 성질의 문제이다. 교직을 일반공무원이나 회사원과 똑같이 보아버리고 노동직으로 묶어 버린다면 다른 공무원이나 회사원과 같이 정년을 61세로 똑같이 낮추는 것은 너무나 당연하므로 여기에 논란의 여지도 없다. 또 교직을 노동직이라고 한다면 당연히 노동조합을 합법적으로 결성하고, 단체교섭과 단체행동도 할 수 있게 되어야 한다. 말 할 것도 없이 합법적으로 고용조정, 해고의 대상이 되어 신분보장도 될 수 없게 된다.

그러나 교직을 전문직으로 본다면 높은 학력과 훈련, 경력, 경험에 의한 전문직성을 강조하고 존중해야 하기 때문에 자연 정년이 아예 없거나 정년 연령이 높아지게 된다. 그리고 전문직은 노동단체를 결성하지 못하게 되고 단체행동도 할 수 없게 되고, 대신 전문직(학술)단체를 만들어 전문성 향상을 위한 활동을 하고 파업과 같은 단체행동 대신 히포크라테스 선서와 같은 전문직 윤리강령에 의하여 행동해야 하는 것이다. 그런데 초·중등교사가 의사와 판검사, 변호사, 성직자와 똑같은 수준의 완전전문직으로 볼 수 있느냐에는 아직 문제가 있다. 그래서 외국에서도 반전문직이면서 완전전문직을 지향하여 노력하는 단계에 있는 것으로 보고 있다. 우리 교직자 자신은 노동직을 지향할 것이 아니라 완전전문직을 지향해야 한다는 것은 너무나 당연한 논리이다.

국민과 정부 지도자의 입장에서는 교원과 교직을 어떻게 보아야 할 것인가?

교직을 일반공무원과 노동자로 보고 공무원과 노동자에게 국민교육과 자녀교육을 맡길 것인가? 그리고 교사에게서 노동자 행동과 노동자상을 기대할 것인가? 아니면 전문직으로 보고 전문성과 전문직 윤리를 교사에게서 기대할 것인가? 교직이 전문직이냐 아니면 노동직이냐 자체를 따지기보다 전문직 행동이라는 높은 기대를 하는 것이 유리하다. 사람은 누구나 국민과 정부의 높은 기대에 맞추려는 기대 심리가 있기 때문이다.

이러한 직업의 특성을 따져서 교원의 정년과 전교조 합법화 문제를 따져야지 막연하게 60세 노인이 어떻게 학생을 잘 가르칠 수 있느냐, 학생과 학부모는 나이 먹은 사람을 싫어한다는 식으로 문제를 다루어서는 안 된다. 또 노동은 신성한 것인데 교사를 노동자로 보고 노동운동하게 하는 것이 뭐 잘못이냐 하는 식으로 단순하게 문제를 해결하려고 해서는 안 된다.

61세 넘어 교사가 학생을 직접 가르치기 어렵다면 학생 가르치는 시간수를 줄여 주고 대신 젊은 교사를 지도하고 장학하는 일을 하도록 하는 제도적 개선을 할 생각을 해야지 박봉에 평생을 국민교육을 위해 봉사하고 희생한 전문성 많은 원로 교사를 국민과 정부 지도자들이 앞장서서 잘라낼 생각을 한다는 것은 국가적 신뢰에 흠이 가게 하는 문제이다.

지금까지 교직에 주어졌던 유인가와 특권은 모두 사라지고 교원의 사기는 땅바닥에 떨어져 있다. 스승에 대한 존경도 사라지고 있다. 그 결과 일부 교사들은 스스로 노동자로 자처하고 머리띠 매기에 이르렀다. 이렇게 돼서 학생들에게, 국가에 이익이 될 게 뭐가 있겠는가?

교사가 존경스럽고 예뻐서가 아니라 학생과 자녀, 국민 교육을 하기 위해서 교직을 전문직으로 봐주고 학생들 앞에서 존중해주는 척이라도 해야 한다. 교직은 다른 직업과 다르다고 높은 기대를 하면서 동시에 노동직으로 보는 이중 잣대의 눈은 잘못된 것이다. 멀쩡한 신사도 예비군 옷을 입혀 놓으면 저질 행동을 하듯이 교사와 교직을 깎아 내리면 교직은 계속 나락으로 떨어지고 저질화될 수밖에 없다.

우리 교직자는 이럴 때일수록 누가 어떻게 우리를 보든 흔들리지 말고 전문성 향상에 최선을 다하여 국민과 국가에 봉사할 각오를 다져야겠다.

(대전일보 98. 2. 11)

9

이제는 교사와 교육을 제자리에

교육부가 교육인적자원부로 바뀌면서 장관이 부총리로 승격되게 되었고 새 장관이 들어섰다. 늦게나마 인적자원을 중시하여 부서가 승격되고 부서장이 격상되거나 새 장관으로 임명되는 일은 축하할 일이다.

이렇게 기관과 책임자가 승격·격상되듯이 우리의 교육과 교육자의 신분도 그만큼 향상될 수 있다면 얼마나 좋을까? 그러나 이러한 승격과 격상, 신임장관의 임명이 교육발전이나 교사의 지위향상·사기진작과는 아무 상관없다는 데 문제가 있다.

신임 교육인적자원부 장관은 먼저 교육현실을 정확하게 파악해야 할 것이다.

시대와 사회는 교육과 정신세계를 강조하는 지식정보사회가 되었는데 여기서 교육과 교실이 붕괴되고 우리의 정신세계가 온통 무너져 내리고 있으니 문제다. 이런 현상은 경제가 무너지는 것보다 더 위험하다. 그런데도 우리의 지도자와 국민들은 이를 심각하게 여기지 않는 것 같아 더욱 불안하다.

국가와 사회가 총체적으로 신뢰와 권위의 위기를 맞고 있다. 국가 공권력도 우습게 여겨지고, 판검사·의사의 권위도 무너지고, 교사의 권위는 땅에 떨어진 지 이미 오래되었다. 교육개혁을 한다고 교육과 교사를 우습게보고 짓밟아 놓았기 때문이다.

그 결과 지식사회 고지 앞에서 지금 교사들은 사기를 잃어 총을 놓고 있다. 이는 그동안 교육에다 투쟁논리, 정치논리, 경제논리, 원칙이 아닌 변칙논리의 칼날을 들이댄 결과이기도 하다. 교육인적자원부장관은 이런 교육현실을 먼저 정확하게 파악하길 바란다. 몇 개월 동안 대통령과 언론으로부터 혼나기나 하고 얻어맞기나 하려면 장관이 안 된 것만도 못하게 된다. 교육자의 한 사람으로서 신임 장관에게 몇 가지 부탁을 하고자 한다.

첫째, 장관이 앞장서서 교사에게 먼저 머리를 숙여야 한다. 그래야 교육관리도, 학부모·학생도 교사를 존경·존중하는 체라도 하게 된다. 교사는 명예와 존경, 자존심을 먹고 사는 것인데 장관과 관리가 앞장서서 선생님을 우습게보고 마구잡이로 교사를 자르고 개혁을 한다고 흔들어 놓은 결과 교육이 무너져 내리고 있다. 교사를 정신적, 경제적으로 우대하지 않으면 앞으로 교사를 할 사람을 찾기 힘들게 된다. 정년도 62세이고, 대우도 나쁘고 비난이나 받는다면 누가 교직에 오겠는가? 장관이 먼저 모범을 보이고 교사를 존중해야 장관도 교사로부터 존경을 받을 수 있다. 교사로부터 존경 못 받는 장관은 이미 장관이 아니다.

둘째, 교육인적자원부가 먼저 지식정보사회에 맞게 바뀌어야 한다. 지금 학교와 대학에서는 ‘교육인적자원부’가 없어져야 우리나라 교육이 산다고 하고 있다. 지금의 조직과 사람들을 가지고는 지식정보사회에 맞는 교육정책과 행정을 할 수 없을 뿐만 아니라 신임 장관의 뜻을 펼칠 수도 없게 되어 있다. 조직과 사람을 장악하지 못하면 장관은 허수아비 노릇만 하다가 내려오게 된다. 신임 장관이 대학은 안다고 할지 모르지만 초·중등교육에 대하여는 거리가 있을 수 있으므로 참모를 잘 쓰고, 전문가의 의견을 잘 활용해야 할 것이다. 교육현장을 제대로 볼 줄 알아야 좋은 정책이 나올 수 있다.

셋째, 어려운 때일수록 원리와 원칙에 충실해야 한다. 그동안 교육인적자원부가 교육과 교육행정의 원칙과 원리에 어긋난 일을 많이 했기 때문에 신뢰와 권위를 잃고 있다. 지방 교육 자치를 하려면 원칙대로 할 수 있게 해야 한다. 교육재정도 지방교육청에 완전히 넘겨줘야 한다. 우리나라에서는 교육행정이 일반행정에 포함되면 교육은 파멸을 가져온다. 대학 일은 완전히 대학자치에 맡겨야 한다. 교육관리 몇 명이 대학을 다 개혁시켜 주고 다 발전시켜 준다는 오만을 먼저 버려야 한다.

넷째, 지식정보사회에 맞는 교육을 하려면 먼저 교육재정 투자를 확대해야 한다. 과거 산업시대의 대량·싸구려 교육으로는 지식 정보사회에 더 이상 대처할 수 없다. 경영학, 경제학의 합리성, 효율성, 효과성, 경제성, 경쟁논리만으로는 지식정보사회의 교육을 할 수 없다. 지금 우리나라 교육의 실정은 무조건 돈을 퍼붓고 봐야 할 정도로 비참한 실정이다. 우리나라 경제수준이 자동차 수준이라면 교육부문의 수준은 손수레 수준이기 때문이다. 최고수준 질의 교육, 독특성과 다양성 존중의 교육을 하기 위해서는 막대한 재정투자가 요구된다. 이는 장관을 부총리로 격상시킨다고 될 일이 아니다. 신임 장관은 대통령, 재경부, 행정자치부, 기획예산처를 먼저 설득하여 교육재정을 확보해야 한다. 지금 교육재정이 교실과 연구실로 제대로 투입되지 못하고 있다. 오죽하면 국민들이 우리 교육을 포기하고 해외유학으로, 과외로 눈을 돌리겠는가?

교육인적자원부는 좀 전문가들이 연구하여 교육의 큰 방향만 제시해주는 데 그치고 나머지는 교육실천가들에게 믿고 맡겨 이들이 신바람 나서 교육에 참여하게 해야 한다. 너무 친절하게 모든 것을 다 중앙에서 해주다 보니 그것이 획일과 횡포로 보이게 된다.

　기대가 크면 실망도 크겠기에 이상 네 가지 기본적인 바람만을 적어본다. 신임장관의 취임과 함께 이제는 우리 교사와 교육이 제자리를 찾을 수 있기 바란다.

(새교육 칼럼, 2000. 10. 한국교총)

10

사립학교는 사립학교여야 한다

집권 민주당은 또 시대에 역행하는 교육관계법 개정안을 내놓았다고 한다. 그 주요 내용을 보면 첫째, 사립학교 교원임면권을 법인이사회에서 학교장에게로 넘긴다는 것이다. 사립학교는 국가나 공공지방자치단체가 해야 할 교육을 사립법인에게 믿고 맡김으로써 생겨난 것이다. 그래서 법인이사회는 공립의 교육위원회나 교육감을 대신하는 최고의결기관이다. 최고의결기관에 인사권이 없다면 사립의 근본 자체를 부정하는 것이다. 사립교장에게 교원임면권을 줘야 한다면 공공성과 투명성이 더 높은 공립교장에게는 왜 그와 같은 교원임면권을 안 주는가? 교원임면은 교장의 추천에 의하여 이사회가 최종 결정하는 것이 원칙이다.

둘째, 사립 비리 관련 임원의 학교 복귀를 제한하여 사실상 금지한다는 것이다. 비리와 불법은 엄격하게 다스려야 하지만 그렇다고 초법적으로 헌법이 보장한 국민의 기본권·공민권까지 제한하거나 금지하는 것은 잘못이다. 비리와 불법자는 사법기관의 판단에 의하여 감옥으로 보낼 일이지 초헌법적으로 2년이다 5년이다 하여 공민권을 제한할 수는 없는 일이다.

셋째, 사립에 회계전문가 감사 전임을 의무화한다는 것이다. 이런 자질구레한 것까지 국가가 법으로 규제하려 한다면 근본적으로 사립의 존재를 인정하지 않는 발상이다. 세상에서 회계감사가 없어서 부정이 존재하는가? 회계전문감사만 있으면 모든 것이 깨끗해지리라 믿는가?

넷째, 사립학교의 학교운영위원회를 자문기구에서 심의기구로 바꾼다는 것이다. 사립학교에 이사회 이외에 따로 운영위원회를 둔다는 자체가 부당한 것인데 이를 심의기구로 한다는 것은 더욱 잘못된 것이다. 더구나 우리나라의 학교운영위원회는 공립이든 사립이든 학교운영의 '책임'을 지지 못한다는 데 근본적으로 문제가 있다.

다섯째, 대학의 교수회, 학생회, 직원회를 공식기구화하여 감시기능을 하게 한다는 것이다. 대학은 '감시'를 위해서 이 세상에 존재하는 것이 아니다. 대학은 교수와 연구·봉사·학문을 하기 위해서 존재하는 기관이다. 교수회와 학생회, 직원회는 감시가 아니라 이러한 교수·연구·봉사·학문을 하기 위해서 존재하며 그런 기능과 역할 수행이 주 임무이다. 세계의 명문 사립은 감시 때문이 아니라 자율 때문에 명문이 된 것이다.

지금 세계는 자율화, 다양화, 특성화를 통해서 최고의 질을 추구하는 방향으로 가고 있는데 우리는 규제일변도, 획일화·평준화일변도, 불신·투쟁일변도로 가고 있으니 우리의 지도자들과 집권당을 또 한번 의심하지 않을 수 없다.

지금 선진국은 공립학교까지 사립화 방향으로 가고 있는데 우리는 오히려 사립말살 정책으로 가고 있다. 지식정보사회 앞에서 교육을 이렇게까지 황폐화·붕괴시켜 놓고도 또 얼마나 더 교육을 망쳐 놓겠다는 것인가?

선진국에서는 학교헌장에 의한 계약학교, 지불보증에 의한 사립학교 선택권 보장, 대안학교, 영리교육회사 인정 등으로 다양성·독특성 보장, 학부모의 교육선택권 보장으로, 공립학교까지 사립화, 민영화의 방향으로 가고 있다는 것을 알아야 한다.

교육과 학교의 독특성과 다양성을 인정하고 사립학교를 사립학교답게 내버려둬야 한다.

사립학교는 이 정부가 내세우는 '시장원리'에 의하여 자유경쟁에서 살아남고 또 발전할 수 있게 제발 그냥 내버려두기만 해도 지금보다는 더 나을 것이다.

정부가 사립에 대해서 할 일은 오직 부정·불법만 엄격하게 다스리는 일이다. 자유민주주의국가에서 사립은 어디까지나 사립이어야 한다.

(대전일보, 2001. 2. 16)

11

남교사임용할당제, 발상의 빈곤

　과거에는 남성만이 직업을 갖고 일을 하여 돈을 벌어오고, 여성은 집안에서 가사를 돌보며 살림을 꾸리는 일을 했다. 그래서 초등학교 교사도 대부분 남성이었다. 여성이 직업을 가져도 부업 정도로 생각하는 것이 보통이었다. 당시는 이런 상황을 너무나 당연한 것으로 생각해서인지 아동(학생)교육 정서문제나 교직의 남성화를 우려하는 목소리는 들리지 않았다.

　그러다가 직업의 종류가 늘어나고 여성의 직업 진출이 보편화되고, 특히 정부의 교원정책 경시 또는 실패로 교직이 경쟁력을 잃고 교직이 남성에게 매력을 잃으면서 교직, 특히 초등교사의 여성화에 우려를 제기하는 목소리가 나오기 시작하였다. 그동안은 교육대학에서 억지로 신입생 선발 시 할당제 같은 것을 적용하여 예를 들면 여성 합격자가 70퍼센트를 넘지 못하게 하여 30퍼센트 정도를 남성 장래교사(교대생)로 확보하였던 것이다. 실력 본위 자유경쟁에서 우수한 여학생을 불합격시키고 질이 떨어지는 남성을 합격시켰던 결과이다. 모든 국민은 법 앞에 평등하다는 민주주의 국가인 대한민국

안에 있는 교육대학에서, 그것도 국립대학에서 헌법정신을 어겨가면서 남성을 확보해야 할 명분과 논리가 없었던 것이다. 특히 교육대학은 교사양성기관으로 자유경쟁에 의하여 우수한 학생을 뽑아서 잘 가르쳐서 내보내면 그만이지 억지로 남교사 숫자 확보하는 일까지 책임을 떠맡을 필요가 없었던 것이다. 남교사를 확보하는 일은 교육대가 맡아서 할 일이 아니라 현장의 장관이나, 교육감, 교장들이 할 일이었던 것이다. 당장 중등교원양성을 맡은 사범대학은 성차별을 안 하는데 교육대학만 성 차별할 이유가 성립되지 않았다. 헌법소원을 하거나 재판을 청구하면 꼼짝없이 당하게 되어 있어 이제 교육대학이 거의 모두 남성할당 신입생 선발제를 포기하게 되니 여학생 장래교사가 많아지게 되었다.

더구나 교육대학 졸업 후에도 임용고사를 통하여 초등교사를 임용하다보니 실력이 우수한 여성이 더 많이 합격하여 서울의 경우 94.4퍼센트를 여교사가 차지하게 된 것이다. 그래서 서울의 겨우 96년 3월 기준으로 72.5퍼센트가 여교사로 되어 있고, 이런 추세로 나가면 전국의 초등뿐만 아니라 중등까지 모든 교사가 100퍼센트 여성만으로 충원될 것으로 보게 되었다.

교직이 여성화하자 아동(학생)까지 여성화한다는 점과 학교운영상 힘을 요하는 일을 할 수 없다는 두 가지 이유를 들어 문제를 제기하고 있다. 그래서 마침내 '전국초등학교교사임용공동관리위원회'라는 데서 소위 "남교사임용할당제"라는 세계에서 유례를 찾아보기 어려운 해괴한 제도를 만들어 일정 비율의 남교사를 확보하게 해달라는 건의서를 교육부에 제출했다고 한다(개정판 교정을 보는 현재 서울시교육청이 또 남교사를 억지로 확보하려는 정책을 내놓고 있다.).

필자는 초등교사 생활을 약 15년 동안 해본 남자로서 교직뿐만 아니라 모든 직장이 남녀 성이 조화를 이루는 것이 좋고, 특히 교직에서 남녀 조화를 이루어 아동이 남교사, 여교사에게서 골고루 배우는 것이 바람직할 것이라고는 생각한다. 또 그렇게 되는 것이 학교 경영에도 좋을 것이라 생각한다.

그러나 이런 이유만으로 "남교사임용할당제"를 만들어 인위적으로 남교사를 희귀종으로 만들어 보호구역을 설정하자는 발상 그 자체를 단호히 반대한다.

첫째, 인간의 기본권인 평등권(平等權)을 무시하면서까지 남교사를 확보할 수 없다는 점이다. 다른 직업에서 "여성채용목표제" 또는 "여성채용할당제"와 같은 논리로 교직에서도 거꾸로 "남성할당제"를 채택할 수 있을 것으로 보는 것은 오해이다. 다른 직업에서 "여성할당제", "장애인할당제"를 적용하는 것은 고용구조가 불평등으로 되어 있기 때문에 불리한 사람에게 인간의 기본권인 평등권을 확보해 주기 위해 역차등하는 것이라는 점을 이해해야 한다. 세계적으로도 교직에서 여성의 비율이 높은 것을 당연시하고 있는데, 우리나라에서만 기본권을 무시하면서까지 인위적으로 물길을 돌리려는 것은 무리이다.

둘째, 시장원리, 자유경쟁은 우리나라의 기본정책이고, 최근 교직에서까지 이를 점차 확대 도입하려는 정책과도 모순을 일으키고 있다. 최근의 교육개혁의 정신에서도 경쟁논리를 채택하고 있지 않은가? "공급자경쟁"이란 말을 귀 따갑게 듣고 있지 않은가? 남교사가 되고 싶으면 먼저 실력을 기를 것이지 천연기념물·희귀종이 되어 보호받으려고 해서는 안 될 것이다. 또 현장이나 학부모 입장에서 남교사가 필요하면 근본적으로 우수한 남성을 교직으로 유인하여 확보하고 남교사로 하여금 사기충천하여 교직에서 계속 발전, 노력하게 하는 정책을 개발해야 할 것이다.

셋째, 교사가 모두 여성화하면 아동까지 모두 성격이 여성화되고 학교경영에 어려움이 있다는 것도 충분한 연구에 의한 증거가 제시되지 못하고 있다. 여교사도 충분히 아동을 남성답게 키울 수 있다고 하면 이를 어떻게 공격할 것인가? 세상의 모든 어머니가 아들의 여성화를 방지하고 있는가? 편모슬하에 자란 아이는 모두 여성화되었으며 이들이 남교사 덕분에 여성화가 방지되었다는 근거가 있는가? 막연한 추측을 가지고 기본권을 어기는 정책을 만들어 달라고 건의할 수 없다. 학교경영에서 남교사의 힘이 필요했다면 이제는 돈을 가지고 그 힘을 살 수밖에 없다. 무거운 물건을 옮기고 체육대회나 추진하기 위해서 남교사가 필요하다고 할 수는 없다. 이제는 힘(forced technology)에 의해서 교육하는 시대가 아니라 정보(information)에 의하여 교육하는 시대가 되었다. 미국 여성들은 군대 가게 징집해달라고까지 하여 평등권을 주장하고 있다. 이스라엘 여성은 실지로 군복무를 하고 있지 않은가? 한국의 여교사를 남교사들이 하던 일까지 해낼 수 있도록 양성하고 길러내야 한다. 학교교사가 여성화되고 있는 것이 어쩔 수 없는 세계적인 추세라면, 가정에서 아버지가 자녀를 남성답게 키우라고 오히려 학부모를 설득하는 입장이 되어야 할 것이다.

"남교사임용할당제"는 임시방편적 단견에 의한 그야말로 고육책이라는 것을 우리는 잘 이해해야 한다. 교직에 꼭 남성이 필요하다면, 또 얼마간이라도 확보하고, 보호하고 싶다면 국가는 이제부터라도 남교사가 되고자 하는 사람이 많아지도록 하는 근본적인 정책을 세워야 한다. 초등학교뿐만 아니라 중등교사 문제까지 같이 생각해야 한다. 똑같은 보통교육의 문제, 의무교육의 문제이기 때문이다.

첫째, 근본적으로 교직우대정책을 세워야 한다. 옛날에는 직업의 종류가 몇 개 안 되었기 때문에 교직이 다른 직업과 경쟁하지 않아도 저절로 우수인력이 교직에 들어왔었다. 이제는 직업이 다양해져

경쟁해서 우수인력을 교직으로 빼앗아오는 정책을 쓰지 않으면, 남교사뿐만 아니라 우수한 여성인력까지 다른 직업으로 모두 빼앗기게 된다. 남교사 문제가 아니라 여교사까지 빼앗겨 교직 자체가 흔들리고 있다는 것을 알아야 한다. 그런데 국가는 교직의 경쟁력을 확보하기는커녕 오히려 지금까지 계속 교원들을 실망시키는 정책을 써왔다. 과거에 교직이 가지고 있던 유인가를 없애버려 교직은 경쟁력을 잃은 지 이미 오래이다. 우수 인력을 다른 직업으로 다 빼앗겨 놓고 저질 남교사 몇 명 붙잡아 놓겠다는 임시처방 할당제를 쓴다는 것은 국가가 할 짓이 못 된다. 경쟁력을 잃은 교직을 가지고 한 나라의 우수한 교육을 하겠다는 것은 모순이다. 국가는 지금이라도 남교사 몇 명에 연연하지 말고 근본적으로 교원 우대책을 써서 교직에 경쟁력을 불어넣어 우수교사를 확보하려고 하면 남교사는 저절로 우수인력 속에 끼어들어 오게 된다는 것을 알아야 한다. 교육개혁도 우수교사 확보에 최우선 순위를 두고 여기에 집중했어야 한다.

둘째, 교직에 남교사가 꼭 필요하여 확보하려 한다면 차선책으로 남교사 유인정책을 세워야 한다. 전국적으로 해도 좋고 남교사를 특별히 필요로 하는 급한 시·도 지방별로 해도 좋을 것이다. 예를 들어 교직을 희망하는 우수한 남자고등학생·중학생에게 약속하고 장학금을 대주는 것이다. 미국 같은 나라에서도 교사, 교직단체 등에서 자기들 주머니까지 털어가면서 장학금을 마련하기도 한다. 급한 지방자치단체나 교육청에서 먼저 남고생을 위한 장학금을 마련해보면 좋겠다. 석사·박사과정, 해외유학을 보장하는 장학금까지 생각할 수 있다.

그동안 남자에게만 해당되는 병역특혜의 부활 협조도 고려할 수 있다. 과거에 있었던 이런 유인가마저 다 없애 놓고 나서 이제 급하니까 손바닥으로 하늘을 가리는 정책을 내는 것은 유감이다.

　어쨌든 인위적이 아니라 우수한 남고생이 미리 교직에 뜻을 두고 공부를 열심히 하여 실력으로 교직에 들어올 수 있도록 하는 방안을 강구하면 방안은 얼마든지 더 있을 것으로 본다.

　총체적으로 교직은 지금 위기를 맞고 있다. 교직은 지금 삼류, 사류 직업으로 떨어져 있다. 삼류, 사류 직업으로 세계 일류 국민을 길러내어 세계 제일이 되겠다는 국가의 정책은 모순이다. 교직이 철밥통이라고 하여 희망하는 교사로는 질 높은 교육을 할 수 없다. 근본적인 처방을 하여 자연적으로 남교사가 교직에 유인되어야지 인위적으로 무리한 단기적 처방인 '남교사임용할당제'를 생각하는 것은 큰 잘못이다. 마침 '교육대통령'이 나왔으니 근본적인 교원 우대에 의한 우수교원 유인·양성·발전정책을 기다려 봐야겠다.

(고대신보, 96)

3

철학 없는 교육개혁

1

역사의 문턱에 선 한국교육행정

우리는 지금 공교롭게도 10년대, 100년대, 1,000년대가 동시에 바뀌면서 사고와 사상도 함께 바뀌는 문턱을 넘고 있다. 19세기에서 20세기로 넘어설 때 우리는 변화의 파도에서 밀려나 지난 한 세기 동안 많은 고생을 하다가 다행히 지난 1960~1980년대 30년이란 짧은 기간에 산업화로 선진국을 많아 따라잡았다고 생각했었다. 우리가 산업화에 어느 정도 성공했다고 성취감에 도취되어 흥분하고 열광하고 있을 때 시대정신은 지식정보사회로 이미 바뀌어 버렸던 것이다(개정판 교정을 보는 지금은 '문화 · 창조의 사회'로 들어섰다고 한다.). 우리의 산업사회구조와 사고가 지식정보사회 구조와 사상에 맞을 리가 없다. 그래서 우리는 이 역사의 문턱에서 경제적 시련을 다시 겪게 되었는지도 모른다. 그런데 이렇게 겉으로 보이는 구조적 시련, 경제적 시련보다 더 큰 시련은 사상적 시련, 정신적 빈곤일지 모른다. 사상적 · 정신적 전환만 확실히 할 수 있다면 분명히 구조적 · 물질적 시련은 쉽게 극복할 수 있으리라 믿는다. 사고의 전환, 정신적 전환은 교육의 몫이다.

이성 · 과학 · 경제의 시대가 가고 정신 · 상징 · 아이디어의 시대,

지식정보사회가 오면서 이래저래 교육은 더욱 중요시된다. 지식과 정보, 정신과 아이디어는 산업사회에서처럼 공장에서 만들어 내는 것이 아니라 '교육'에서 만들어 내는 것이기 때문에 역사의 문턱에서 교육이 더욱 중요시되고 강조되고 있다. 그래서 교육은 국가의제의 최우선 순위에 놓여야 한다. 그런데 이 시점에서 교육이 자꾸 정치논리, 경제논리에 놀아나고 표면적으로 보이기 위한 교육행정을 하고 있는 것은 안타까운 노릇이다.

한국학교와 교육은 그런대로 산업사회에는 맞게 되어 있었던 셈이다. 대량교육, 획일교육, 분업교육, 실증교육 등이 그런대로 산업사회에 알맞았기 때문에 지난 30여 년 동안에 산업화를 단축시키는 데 교육이 크게 기여할 수 있었던 것이다. 그러나 이런 학교와 교육, 교육행정이 지식정보사회에 계속 알맞을 수는 없다. 산업사회에 기반을 두고 만들어진 근대학교에서 발전한 현대학교와 교육이 지식정보사회에 알맞을 리 없다. 현대학교를 계속 수선해서 쓰기보다 새로운 형태의 지식정보형 학교와 교육으로 지식정보형 학교와 교육으로 지식정보형 인간교육을 할 수 있도록 새로이 설계하는 것이 더 빠를 수도 있다.

한국교육은 산업사회형으로부터 지식정보형으로 최소한 다음과 같이 전환해야 한다.

첫째, 교육은 양(量)의 교육으로부터 질(質)의 교육으로 전환하거나 보완하여야 할 것이다.

둘째, 지나친 분업주의 교육, 세분화의 교육으로부터 통합과 연결의 교육으로 전환하거나 보완할 필요가 있다.

셋째, 규격화, 정형화, 획일화의 교육으로부터 다양화, 개성존중 교육으로 보완해 줘야 한다. 그러면서도 남과 어울려 더불어 일할 수 있는 사람을 길러내는 교육을 할 수 있어야 한다.

넷째, 지나친 논리·분석·실증·객관을 넘어 느낌이 있는 인간을 길러내는 교육도 중시해야 한다.

이러한 사고와 맥락에서 한국교육행정도 이제야말로 전환하지 않으면 안 된다.

첫째, 한국교육의 방향을 바로잡아 주고 제시해주는 교육행정철학을 갖고 지식사회를 위한 중심적 역할과 기능을 해야 한다.

둘째, 교육행정 서비스의 질 향상을 위한 변신을 해야 한다. 그렇지 않으면 교육행정은 불필요한 존재로 내몰려지게 된다. 교육행정은 행정 본래의 정신 그대로 봉사·지원의 자리로 돌아가야 한다.

셋째, 교육행정은 교육 실제가 이루어지는 현장에 따라 붙어줘야 한다. 교육행정은 높은 곳에 위치하거나 캐비닛 속, 책상 위에 놓여 있어서는 안 된다.

넷째, 교육행정은 전문직(profession)이 되어야 한다. 지식사회의 교육행정은 일반인이 감당하기 어렵다. 우직스럽게 한 우물을 파는 지식 전문인에게 교육행정을 맡겨야 한다. 2, 3년마다 자리바꿈하는 일반인이 전문교육자와 교육을 지배하는 원시행정으로 지식사회교육을 위한 서비스를 제대로 할 수 없다.

다섯째, 지식정보사회 교육을 위한 교육행정구조의 개혁과 함께 교육행정문화, 교육문화도 동시에 개혁되어야 한다. 문화개혁이 따라 붙어줘야 구조개혁도 성공할 수 있다.

이러한 시간적, 사상적 전환기인 역사적 문턱에서 한국교육행정학회는 교육과 교육행정 실제를 위하여 중심적 역할을 담당해야 한다. 철학과 이론적 틀을 제시해줘야 한다. 교육행정학도 실제에 참여하는 방향제시를 해야 한다.

그리고 원칙에 충실해야 한다. 전환적 역사의 문턱에서 성공적 지식사회 교육을 위한 한국교육행정회원의 중심적 활동과 역할을 기대한다.

(한국교육행정학회 소식 제62호. 1999. 4. 28)

2

철학 없는 5·31 교육개혁안

교육개혁위원회의 구성과 그간 해온 행위로 보아 애초부터 교육개혁안에 별 기대를 할 수 없게 만들더니 역시나 철학 없는 나열식의 검증되지 않은 몇몇 사람의 머리에서 나온 아이디어 제시에 불과했다.

첫째, 한 나라의 교육을 바꾸려면 어떤 철학과 원칙, 목표와 비전 하에 일관되게 종합적으로 개혁을 시도해야 하는데 14대 과제, 9대 과제식으로 뿔뿔이 나열식 접근을 한 것부터가 잘못됐다. 지금 급한 것은 '교육의 질 향상'인데 여기에 철학과 목표를 두지 못하고 있다. 또 자율화·분권화·다양화·선택의 자유라는 원칙을 두었다면 모든 방안이 일관되게 여기에 충실했어야 한다. 예를 들어 자율화 원칙이라면 대학입시도 대학 자율에 맡겼어야 한다.

둘째, 세계 선진국과 교육의 질 경쟁을 하려면 엄청난 교육투자를 해야 하는데 교육투자 없이 몇 가지 아이디어만 제시한다면 또다시 '조령모개'를 추가하는 전철을 밟은 셈이다. 교사우대책, 교육시설 환경개선, 학급당 학생수 축소 등을 위한 교육투자 없는 교육개혁은 모두 공염불이다. GNP 대비 5퍼센트 가지고는 우리의 교육이 국제 경쟁력을 가질 수 없는데도 5퍼센트에 인색하니 지엽적인 교육개혁은 기대하나마나다.

셋째 우수교원 확보, 교원우대책 없는 교육개혁은 허상이다. 교사를 신바람 나게 하지 못하고 교육개혁의 방관자, 구경꾼으로 방치해 둔 교육개혁안은 성공할 수 없는데 이번 안은 교육개혁위원회 보고를 위한 개혁안에 불과하다.

넷째, 정책의 일관성이 유지됐어야 하는데 그렇지 못하다. 예를 들면 교교평준화 정책도 획기적인 교육투자를 하여 모든 학교의 교육시설, 교사 등 교육조건을 같게 한다는 전제조건과 철학에서 나온 것이었는데 그런 투자 없는 평준화의 해제보다는 교육투자를 우선시했어야 한다. 정부기구 축소로 교육부의 핵심부서인 장학실까지 이미 폐지했고, 중앙교육평가원을 없앤다는 얼마 전의 정책과 교육과정평가원, 국가멀티미디어교육지원센터, 진학정보센터, 영재교육센터 등 많은 새로운 기구·기관을 설치한다는 정책은 서로 모순을 일으키고 있다.

또 학생의 학교선택권을 보장해준다면 학교도 학생선택권을 주어야 한다. 학생이 중·고등학교를 3지망까지 했으면 학교도 학생을 선택할 수 있어야지 컴퓨터로 무작위 선발하여 운에 맡긴다는 것은 일관성이 없다. 초등학교 6학년 중에서 한글을 읽지 못하는 아동도 많이 있는 거친 교육을 하는 상황에서 초등 3년생에게 영어를 가르쳐야 세계화하는 것인가?

이렇게 지적하자면 이번 교육개혁안은 한이 없고 문제점이 많다. 한마디로 말한다면 과거 10년 동안 교육개혁심의회, 대통령교육정책자문회의를 통한 교육개혁안을 내놓아 실패했던 전철을 이번에도 반복할 가능성이 높아 기대할 것이 별로 없다.

국·공립대의 본고사를 폐지한다고 근본적으로 입시문제가 해결될 것인가? 근본적으로 대학 안 가도, 일류대 안 들어가도 성공하고 출세하는 데 지장이 없도록 하고 차선책으로 입시공부 따로 하지 않아도 대학 가는 데 손해 보지 않게 하는 근본적인 개혁을 해야 하는 것이다. 우수교원을 확보하고 교사를 우대하고 획기적인 교육투자를 하고 나서 교육개혁을 각 대학, 각 교육청, 학교의 자율에 맡겨야 한다.

이번 교육개혁안은 부분적·지엽적으로는 긍정적인 측면이 있다. 부분적인 자율화로 대학의 학생정원 자율화, 학사운영 자율화에다 평가를 덧붙인 것은 잘한 일이다. 그러나 출·퇴근시간 자율 등은 심각하게 고려해야 한다. 나중에 회복 곤란한 지경에 이를지도 모른다. 대학설비 자율화도 위험하다. 그러나 농어촌 학생 고려, 학점은행제, 전공 최소학점제, 프로그램 다양화, 능력중심보수·인사체계, 필수축소·선택확대, 교장·교사초빙제 등도 긍정적인 방향이다.

교육개혁을 한다고 또 하나의 규제를 만들고 중앙집권식 통제를 만드는 요소가 많다. 탈규제를 내걸면서 교육개혁이란 명분으로 또다시 금지와 폐지, 얽어매는 법제화의 우를 범해서는 안 된다. 또 교육개혁은 중앙집권식의 원격조정으로는 실패한다. 미국교육개혁 10년은 주정부가 주도했기 때문에 실패했다는 평가이다. 교실개혁·학교개혁, 밑으로부터의 혁명이 되어야 한다. 교사와 교장이 교육개혁에 바빠야 한다.

교육개혁안 자체의 문제보다도 그 실천이 더 문제이다. 10년, 20년 꾸준하게 실천하는 것이 문제인데 2, 3년용 개혁이 되어서는 안 된다. 교육개혁안에 큰 기대를 할 수 없으나 부분적으로 좋은 것 일부라도 제대로 실천되었으면 한다.(5·31 교육개혁안을 보고).

3

국민의 정부 교육개혁의 환상

교육부는 최근 2002년 대입 개선안과 '교육비전 2002, 새학교문화 창조'안을 내놓아 국민의 정부 교육개혁안을 제시했다. 그런데 비전이 비전이 아니라 환상이 되지 않을까 염려된다. 먼저, 국민의 정부는 어디서 누가 교육개혁을 주도해 나갈 것인지 우리를 혼란스럽게 하고 있다.

대통령직인수위원회는 1백대 과제 중 교육부문 5대 과제로 ① 학생위주의 교육으로 자기 주도적 학습능력 및 다양성 제고, ② 학부모의 사교육비 부담 경감 추진, ③ 교원근무여건 개선 및 인사제도 개선을 통한 우수 교원 확보, ④ 교육부문의 효율성 제고 및 교육자치 기반 조성, ⑤ 산업 수요에 맞는 산업 교육 체제 구축을 내던져 놨는데, 대통령직인수위의 '교원근무여건 개선'과 '교육비전 2002'의 교원정책은 손발이 안 맞고 있다. 교육개혁 추진주체의 일관성이 요구된다.

둘째, 교육개혁의 목표와 방향감이 옳고 뚜렷해야 하는데 그렇지 못하다. 지금 우리에게 절박한 것은 지식정보사회에 맞는 교육의 우수성 확보인데 자꾸 이와는 상반된 평가와 경쟁, 경제논리, 정치논리로 교육을 몰아붙이고 있으니 이는 근본적으로 개혁의 방향이 잘못된 것으로, 개혁이 아니라 개악이 되는 것이다. 교육의 우수성 추구를 위해서는 교사 대 학생비를 줄이고 교육환경을 개선하고 교사의 전문성을 높이고, 교육과정을 축소하는 대신 선택의 폭을 넓혀 철저한 교육을 하는 쪽으로 방향을 잡아야 할 것이다.

셋째 교육부 주도의 교육개혁은 또 실패할 수밖에 없다. 교육부가 대학입시도 다 개혁하고 심지어는 교과연구계획서도 공모 심사하고 학교교육계획서도 공모 심사하여 수백억 원씩 모두 1천 3백 10억 원을 주무르겠다니 대한민국 교육부는 철인들로 구성되었단 말인가? 교육부는 이제 제발 큰 방향만 잡아주고 나머지는 모두 각 대학과 각 교육청에 맡기는 겸손을 보여줘야 할 것이다. 교육개혁은 중앙의 힘으로 밀어붙일 일이 아니다. 공룡의 작은 머리로 다양해지고 자유·자율·자치화 된 덩치 커진 대한민국 교육을 좌지우지하게 된다면 공룡이 이 세상에서 사라지듯이 이는 필연적으로 망할 수밖에 없다.

여러 가지 개혁 중에서 교육개혁은 가장 어려운 일이라는 것을 알아야 한다. 교육은 문화유산과 지식을 전달하고 보존하는 일을 주 기능으로 하기 때문에 원초적으로 보수적이라는 것을 알아야 한다. 보수적인 조직과 사람을 개혁하려면 그만큼 계획이 치밀하고 철저하고 정교해야 한다. 그리고 힘으로 밀어붙이기보다는 설득적이어야 한다. 교육을 주로 담당하고 있는 교사들이 설득당하여 그들의 자발성을 불러일으키지 못하면 결국은 실패하게 된다.

특히 큰일을 하려면 전략적으로 먼저 구성원들의 사기를 높여주는 일부터 해야 하는데 정부와 교육 관료들은 거꾸로 교원의 자존심과 사기를 꺾어 놓는 일부터 하고 있다. 무서워서 개혁하는 척하는 것은 개혁이 아니다.

국민의 정부는 교원을 노동자로 몰고, 정년을 단축시킨다고 하며 큰 우를 범하고 있다.

우리의 선배교사들이 헌신적으로 봉사하여 이 나라를 이만큼 살게 만들어 놓으니 이제 국가가 먼저 신뢰를 깨어 배반감을 느끼고 있는 교사들 귀에 교육개혁의 목소리가 들리겠는가? 모두 칼자루를 휘두르는 사람들 인성교육을 잘못한 탓으로, 그리고 모두 정치인의 정년을 먼저 단축시키지 못한 탓으로 돌리고 말 것인가?

(大田日報, 98. 11. 11)

4

교육구조와 문화의 개혁

천재지변에 해당하는 지진이나 화산도 폭발하기 전에 반드시 미진·예진이 있다고 한다. 이에 철저히 대비하면 피해가 생긴다 해도 최소화시킬 수 있다.

이번 IMF구제금융에도 이미 예진에 해당하는 예고와 예보가 틀림없이 있었을 텐데도 이를 무시하고 막다른 골목에 이를 때까지 국민들 속이기에 급급했던 관료들과 집단을 믿고 마음을 풀어놓고 있었던 내 자신을 질책하지 않을 수 없다. 더 큰 문제는 이들에게 IMF와의 협상과 그 후속 경제위기관리를 계속 맡긴다는 데 있다. 있던 것도 털어먹은 사람들이 이미 바닥난 빈 깡통을 앞으로 채워 넣을 수 있을는지 더 걱정된다.

WTO, 농수산물 개방 협상 시에도 준비가 안 되어 덤벙대고 손발이 안 맞는 것을 국민들은 지켜보았는데 그때 이미 금융개혁은 예고되었던 것이다. 그때부터 철저히 대비했어도 이 지경은 안 되었을 것이다. 농수축산물 개방으로 우리의 쌀독을 비워주고 이제 금융시장 개방으로 우리의 금고와 지갑을 다 털어 보여줬다.

이제 더 무서운 것이 남았다. 그것은 교육·문화·예술의 개방이다. 이는 우리의 정신세계에 해당된다. 앞으로 우리의 정신, 머리를 까 보여줘야 할지도 모른다. 기업과 은행만 부도내고 도산하는 게 아니라 학원·대학이 도산하고, 우리의 문화·예술이 말살될 수도 있다는 것을 알아야 한다. 이것도 지금 우리에게 옥죄어 오고 있다.

기업과 금융의 구조개혁(조정)뿐만 아니라 교육의 구조개혁에 이어 다음 단계에는 문화개혁이 요구되는 것이다.

경쟁과 전쟁은 강자의 논리이다. 강자는 1차에 해당하는 군사·정치적 전쟁으로는 국제이목 때문에 더 이상 세계를 지배할 수 없다는 것을 알고, 2차로 강자에게 유리한 WTO 체제의 경제전쟁을 일으키고 있는 것이다. 우리는 국내게임도 제대로 안 해본 상태, 준비운동도 안 된 상태에서 국제게임에 내몰려져 여기서 녹다운 당한 것이다. 국제구조로 바꾸지 못하고, 대량생산의 양(量)의 구조로부터 질(質)의 구조로 전환하지 못했기 때문이다. 이제 산업사회구조를 지식·정보사회구조로 바꿔야 한다. 경제전쟁 다음엔 3차로 교육·문화전쟁이 예고되어 있다. 미국·영국은 21세기, 새로운 천 년대에도 계속 주도권을 잡기 위하여 '교육, 교육, 교육'을 부르짖고 있다.

우리의 교육은 지금 국제경쟁력을 잃고 있다. 자기나라 국민을 길러내는 보통교육(초·중·고)에서부터 외국유학을 보내는 것만 봐도 알 수 있다. 과외와 사교육비가 판을 치고 있다. 유아들까지 성조기 밑에서 국어보다 영어를 더 배우게 하는 것을 보면 섬뜩하기까지 하다. 이는 대한민국 국민이기를 포기하는 증거로 생각할 수 있다.

교육에서도 근본적으로는 산업사회에 알맞게 되어 있는 구조를 지식·정보사회에 알맞게 조정하고 개혁해야 한다. 집단중심, 획일의 대량교육구조를 학생개인중심의 다양성, 개성존중의 정예주의 질(質)의 교육의 구조로 전환해야 한다. 지식의 파편조각을 많이 가르치기보다 사람 노릇하게 소량을 철저히 가르치는 일부터 해야 한다. 암기를 위한 왼쪽 뇌뿐만 아니라, 오른쪽 뇌, 따뜻한 가슴과 날랜 손발로도 능력을 발휘할 수 있는 교육구조로 바꿔야 한다. 중앙집권적으로부터 지방분권, 학교재량운영, 교사의 권한확대, 학생주도 학습의 구조로 이행해가야 한다. 교육 관료 지배로부터 전문가 집단관리 구조로 가야 한다. 경제브레인이 일으켜 세운 경제를 후배 경제 관료가 무너뜨리듯이 교육 관료가 교육을 무너뜨리지 않는다는 보장이 없다.

경제든 교육이든 단순한 구조만 바꿔놔서는 성공할 수 없다. 구조개혁과 함께 문화개혁이 따라 붙어줘야 한다. 새로운 구조를 받아들이고 키워 나갈 수 있는 문화가 형성되어야 한다. 거품을 뺀 구조, 감량경영의 구조, 자기자본에 의한 구조, 문어발을 잘라낸 구조로도 생존할 수 있는 문화개혁이 병행돼야 한다. 선진국에서는 양(量)에 의한 '더 많이 주의'에서 '구조개혁'을 거쳐 '문화개혁'으로 이행해가고 있다.

경제파탄에 눈과 귀가 막혀 교육·문화의 파탄의 예진을 감지하지 못하는 것이 안타깝다. 성수대교, 삼풍백화점, 대구 지하철 가스폭발, 위도 앞바다 페리호 침몰, IMF구제금융 (추가: 숭례문 화재) 등이 모든 것이 체인처럼 연결되어 있다. 구조와 체제는 부분만 미시적으로 봐서는 안 풀린다. 전체적 통합적으로 봐야 한다. 그리고 무엇보다도 먼저 신뢰체제, 신뢰구조부터 확고히 구축해야 한다.

(大田日報, 97. 12. 15)

5

교육난세, 교육본질로 극복을

최근 몇 년 내내 촌지교사, 체벌교사로 언론을 도배질하고 수요자 중심, 소비자 중심교육으로 교육개혁을 한다고 떠들어댔다. 올 들어 더욱 극성을 부렸다.

수요자 중심교육도 조용하게 착실히 했어야 하는데 떠들어대기만 했으니 얼치기 교육이 된 것이다.

얼치기 수요자중심교육의 결과인지 얼마 전에 학생이 교사를 경찰에 신고하고 또 경찰은 교장의 허락도 없이 수업 중인 교사를 파출소로 연행해 갔다는 것이다. 부모도, 스승도, 맘에 안 들고 화가 나면 고발하는 세상이 된 것이다. 교육 난세이다.

교원 정년을 60세(62세로 확정되기 전)로 낮춰 3년에 3만 1천여 명을 내쫓고 교장의 88.2퍼센트를 퇴출시킨다고 발표했었다. 무슨 이유로 왜 쫓아내야 하는지 뚜렷한 논리와 설득도 듣지 못한 채 원로교원은 단지 원로라는 이유만으로 퇴출의 대상으로 지목받고 있는 것이다.

더욱 처량한 신세는 교원의 목숨이 몇몇 국회의원과 3당의 손에 달려 있다는 것이다. 60세안, 61세안, 62세안, 63세안 고수, 교원목숨이 남의 칼날에 의하여 이렇게 붙었다 떨어졌다 하는 사형수의 신세가 된 셈이니 도대체 교원이 사형당해야 할 무슨 죄를 졌단 말인가? 자신 있게 사형시킬 분명한 이유가 있다면 즉시 목을 칠 일이지 이렇게 남의 목을 놓고 노리개, 장난감으로 삼아도 된단 말인가? 고양이가 쥐를 잡아놓고 장난치는 것 같다. 너무나 잔인한 처사다.

60, 61, 62, 63, 65세의 각각에 대한 논리와 이유, 원칙, 연구된 근거가 있어야 할 것 아닌가? 당의 방침과 다른 교육위원을 바꿔쳐 가며 힘으로 밀어 붙인다는 것이다. 여기서 어떤 결정이 나와도 순리와 원칙에 의한 것이라고 국민과 교원이 수긍하기는 어렵게 되어 있다. 국가 정책이 몇 사람의 기분에 의하여, 힘의 논리에 의하여 결정된다는 비난을 면키 어렵다. 떠나보내더라도 명예롭게 떠날 수 있도록 해야지 노리개의 신세로 '파리목숨'의 신세로 떠나게 해서는 안 된다. 교육 난세에 달려 있는 교원의 목숨이 불쌍할 뿐이다.

교사가 학생한테 구타당하고 학부모에게 당하는 것은 얼치기 수요자중심교육 탓인가? 비뚤어진 민주교육 덕분인가? 아니면 교사체벌의 업보인가? 교사선택제, 담임선택제, 차등성과급제로 교육 운영이 정상적으로 되지 않고 변칙이 통용되고 있다.

학교폭력, 왕따로 맑아야 할 청소년들이 불안에 떨고 자살에까지 이르고 있다. 낮에는 학교에 출석하고, 밤에는 가발을 쓰고 업소로 출근하는 학생도 많고, 아예 가출하여 유흥업소 생활을 하는 청소년도 많은 것이다. 퇴학당했던 학생들을 재입학시켜 지금 교실은 교실이 아니라고도 한다. 거기다 자신 없는 열린 교육을 흉내낸다고 하다가 수업이 아니라 난장판도 많다고 한다. 그래서 요즈음 이판사판, 팔판이란 말로 교육난세를 풍자한 지 오래되었다.

콩나물 교실, 입시지옥이란 말을 교육에서 스스럼없이 쓰더니 이제는 시험 없이, 경쟁 없이 학생을 선발한다는 것인가? 입시방법, 전형방법이 다양해질 뿐이다. 비전 2002도 너무 복잡하여 비전이 아니라 환상이 되기 쉽다. 국민을 헷갈리게 하고 있다.

지금까지 교육개혁이란 이름으로 교육을 난세로 몰고 왔다는 비난을 받게 되었다. 이렇게 혼란하고 시끄러운 때일수록 모두가 제자리로 돌아가고 원칙과 본질을 찾아야겠다.

먼저 중앙의 교육부가 중심을 잡아야겠다. 교육에 관한 한 교육부가 중심을 잡아야지 당이나 기획예산위원회가 정년단축안도 내놓고, 국립대 구조조정도 하고, 지방교육예산을 교육단체가 아닌 지방자치단체에 이관하는 안을 검토하고, 학부모로 하여금 초·중등 교원을 평가하게 하는 제도를 추진하고, 일반인이 교장직을 맡게 해야 한다는 보도가 나오게 하고 있다. 그리고 당사자들과 상관없는 노사정위원회가 교원노조합법화를 선언하게 하고 나서 교육부는 힘에 밀려 뒤치닥꺼리나 하게 된다면 나라 전체가 흔들리고 그 결과 교육은 자꾸 난세로만 치닫게 된다.

교육에 관한 한 교육부가 전문 부서가 아닌가? 그리고 교육에 관한 한 교육부에서 한 목소리를 내야지 다른 부처에서, 당에서 불쑥불쑥 무책임하게 메가톤급 정책을 내던져 놓으면 혼란만 가져오고 되는 일은 없게 된다.

대통직인수위가 5대 과제를 던져 놓고는 사라져 버리고, 기획예산위원회가 교육을 뒤흔들어 놓고, 새교육공동체위원회 따로 놀고, 교육부는 또 별도로 폭탄발표를 해 놓으면 각 교육청과 학교, 교원은 이를 어떻게 감당할 수 있겠는가.

교육 난세를 하루빨리 극복해야 한다. 난세를 조장하기보다는 차라리 교육개혁을 안 하는 편이 낫다. 교육개혁은 난세 없이 조용히 착실하게 해야 한다. 지식·정보사회를 위한 교육개혁은 교육의 본질, 교육의 질 향상에 초점을 맞춰야 한다. 교육과정 내용을 줄이고 대신 철저를 기하면서 개성존중으로 창의성, 윤리·도덕성을 신장하는 교육내용과 교육방법에 교육개혁은 집중 노력해야 한다.

주변적인 것을 개혁한다고 하다가 교육 난세를 조장해서는 안 된다. 혼잡스러운 때일수록 원칙을 지키고 한 목소리를 내야 한다. 교육부가 먼저 방향과 중심을 잘 잡아야 할 것이다.

(한국교육신문, 98. 12. 21. 한국교육)

6

개혁을 위한 개혁 아닌
교육의 본질 추구부터

급변하는 세기적 전환기에서 우리의 교육도 바뀌기는 바뀌어야 한다는 데 이의를 제기할 사람은 별로 없을 것이다. 그리고 정치·경제·국가적 상황 등 외부로부터 교육에 대한 개혁의 요구와 압력이 견디기 힘들 정도라는 것도 모두 인정할 것이다. 그렇다고 이러한 개혁에의 요구와 압력에 밀려 보여 주기 위한 개혁, 개혁을 위한 개혁을 하려다 보면 교육 개혁이 아닌 교육 개악이 되기 쉽다. 지금 우리의 교육 개혁이 이런 형편이다.

개혁을 하기는 해야 하지만 개혁을 위한 개혁이 아니라 변질된 교육을 먼저 제자리에 갖다 놓는 개혁, 교육의 본질에 접근하는 개혁을 하려고 해야 한다.

그리고 교육은 원래 보수적 성향을 갖는 분야이기 때문에 개혁이 어려운 분야라는 것을 안다면 그만큼 더 치밀한 계획과 전략을 세워 개혁해야 낭비와 실패 없는 교육개혁이 가능해진다는 것도 알아야 한다.

근본적으로 본질적 측면에서 현재의 교육개혁에 문제가 있다. 첫째, 장기적으로는 열린 교육체제를 구축해야겠지만, 지금 당장 급한 것은 이미 열려져 있어 학생으로 들어와 있는 학생을 위한 학교교육, 학교교육의 질을 향상시키는 데 교육 개혁의 초점을 맞추어야 한다.

한국 교육은 교육의 기회가 열리지 않고 닫혀서 문제가 아니라 오히려 너무 열린 반면 질 낮은 거친 교육을 하는 것이 더 문제이다. 지금 이 시점에서는 교육의 양이 아니라 질에 문제가 있는 것이다. 적은 돈, 적은 시간과 노력에다 교육을 더 열면 열수록 더 거친 교육을 추구하자는 말이 된다. 지금부터라도 교육의 질 추구, 교육의 우수성 추구에 교육개혁의 방향을 맞춰야 한다.

둘째, 학교운영위원회 설치도 교육의 본질에서 벗겨 나가고 있다. 학교를 민주적으로 운영하자는 의도가 좋다는 것은 인정하지만 학교운영위원회 설치로 학생 교육의 질, 수업의 질이 향상되었다는 증거도 없고, 또 앞으로 향상될 것이라 기대하기도 어렵다. 학교운영위원회가 학교운영의 주체가 되어야 하는데, 현재는 교육부와 교육청의 교육 관료가 학교운영의 주인 노릇을 하기 때문에 학교운영위원회가 교육 개혁에 큰 의미를 주지 못하고 있다. 학교운영위원회가 필요하다면 시·도교육청에는 교육위원회가 운영위원회라고 치고, 교육부 운영위원회를 두면 좀더 민주적인 교육행정이 될 것 아닌가? 학교운영위원회 설치로 학교가 정치판화하고 학교운영의 책임성이 약해지고 있다. 학교 운영에 책임을 지지 못하는 사람들이 위원이 되기 때문이다. 학교운영위원에게 교육감·교육위원 선출권을 주자 학교가 지금 정치판화하고 있다. 사립학교는 법인 이사회가 학교를 운영하게 되어 있는데, 또 이중으로 학교운영위원회 설치를 자율로 해놓고 있으나 학교평가 등을 통해서 강요받고 있어 모순을 낳고 있다. 법적으로는 사립학교에 학교운영위원회 설치를 안 해도 되게 해놓고 교육청 평가와 학교평가 시 학교운영위원회를 설치하지 않으면 차등을 받게 하고 있다. 학교운영위원회 설치가 교육 개혁의 꽃이라고 하는데 이것이 꽃이 될 수 없다. 교육 개혁의 변두리가 되어야 한다.

셋째, 교육청 평가, 학교 평가는 교육의 질을 향상시키기보다는 오히려 교육의 질을 떨어뜨리고 있다. 계획 - 실천 - 평가는 당해 기관 스스로 할 일이지 외부 기관이 강압적으로 할 일이 아니다. 자체적으로 한다고 하더라도 질적 평가에 의하여 자기 평가의 방향으로 평가의 철학이 바뀌었다는 것을 알아야 한다. 질을 추구하는 지식정보사회에서는 외부·계량적 평가를 하지 않는 경향이다. 지금 평가라는 이름으로 한국 교육을 망치고 있다. 교사들이 "수업 때문에 사무에 지장이 있다"고 한다. 거짓교육을 강요받고 있다. 교육 철학과 이치에도 맞지 않는 교육청 평가, 학교 평가로 한국 교육은 지금 폭발 직전에 와 있다. 모든 면에서 매일 목표에 초과 달성하고 있던 북한의 현실, 거품목표 달성 속에서 IMF 체제를 맞게 된 남한의 현실을 보면서도 아직도 평가 광신병에서 벗어나지 못한단 말인가? 평가로 인한 국가적 낭비를 누가 책임질 것인가? 평가로 인한 국가적 낭비를 누가 책임질 것인가? 강압에 의한 개혁은 강압이 사라지면 모두 도루묵이 되고 나중에 공허한 패배감만 남게 된다.

넷째, 멀티미디어와 열린 수업이 비교적 교육의 본질에 가까운 개혁으로 볼 수 있으나, 이것도 또 하나의 획일화, 또 하나의 닫힌 수업으로 되고 있다. 멀티미디어가 부분적으로 수업 개선에 도움을 주지만, 이것만이 최선의 방안은 아니다. 한 대의 멀티미디어에 한 반의 모든 학생을 주의집중 시킨다면 이것은 전통적 강의법과 다를 바 없는 또 하나의 주입식 교육이 되고, 교사 주도의 수업이 된다는 것을 알아야 한다. 멀티미디어교육이 필요하다면 학생 개개인이 각자 멀티미디어를 이용하는 수업이 되어야 한다.

열린 수업도 수업 개선에 강점을 가지고 있지만, 그렇다고 교육의 만병통치약은 아니다. 그런 것을 모든 학교에 일시에 적용하도록 강요하고 또 이것을 가지고 학교평가 자료로 삼는다면 이것도 또 하나의 다른 형태의 획일수업이 되고, 열림과는 반대인 닫힌 수업이 되고 만다. 열린 수업은 적합한 상황에서 적용될 때 열린 수업이 된다. 수업의 효과는 교사가 가장 자신 있는 방법으로 가르칠 때 가장 효과가 크다.

다섯째, 방과 후 활동도 활발해져야 하지만 정규 수업에 주력하여 정규수업의 질을 세계 수준으로 끌어올리고 남는 여력으로 해야 한다. 교사는 우선 정규 수업의 질을 높이는 데 주력할 수 있어야 한다. 교육의 양(시간)을 늘리기보다도 수업의 질을 높이려면 가능한 한 방과 후 활동까지도 정규수업 시간에 할 수 있도록 정규수업으로 끌어들일 필요가 있다. 방과 후는 방과 후로써 학생 개인생활에 필요한 것이다.

교육개혁의 방법적 측면에서도 근본적으로 문제가 있다. 교육부 주도, 교육 관리 주도의 교육개혁은 반드시 실패할 수밖에 없다. 교사의 자발성, 교사의 신바람을 불러일으켜야 성공할 수 있다.

그런데 지금의 교육개혁 정책은 마치 교사 기죽이기와 유치한 정책만 골라서 하는 것 같다. 촌지문제로 기죽이고, 정년 단축문제로 정부에 대한 신뢰를 잃게 하고 무능 교사 운운으로 충성하고픈 마음마저 꺾어버리고 말았다. 지금은 학생의 인성문제보다도 교육개혁정책 입안자들의 인성문제를 더 걱정하게 되고 있다. 그런 사람을 가르친 옛날의 은사님들의 인성을 추적해 볼 필요가 있다. 어쨌든 지금 교사들의 불만은 폭발 직전에 와 있다는 것을 알아야 한다. 누르면 일시적으로 들어가지만, 언젠가는 터지게 되어 있다. 한국에서 교육개혁이 더 절실하게 필요한 곳이 학교인가, 아니면 교육부인가? 교사인가, 교육 관리들인가? 개혁한다고 설치고 있는 사람들이 먼저 개혁되어야 한다.

한국의 교육개혁은 먼저 대학입시문제를 해결하고 나서 수업의 질을 올리는 교육의 본질에 개혁의 초점을 맞춰야 한다. 그러려면 교사의 질 향상과 교사의 권위 보장이 먼저 전제가 되어야 한다. 얼치기 교육수요자 보호정책으로 국가는 초등학생으로부터 교사를 바꿔 달라는 주문을 받게 되었다. 다음은 또 누구로부터 누구를 바꿔 달라는 주문을 받게 될 것인가? 교육부·교육청 행정의 1차적 고객·1차적 수요자는 교사이다. 수요자를 중시하는 교육행정가들은 교사 수요자를 먼저 만족시켜 보라. 그러면 교사들은 수요자 학생과 학부모를 만족시키려고 할 것이다. 교육 관리들이 교사 주도의 교육행정을 먼저 하면 교사는 분명 학생 주도의 학습을 유도할 수 있을 것이다.

중앙에서 교육 개혁의 횡포를 부리면, 그 횡포를 받은 교사들은 또다시 학생에게 횡포를 부리게 될지 모른다. 교육개혁은 교사존중 속에서 이루어져야 한다. 교육개혁 실패의 책임을 누가 질 것인가? 서투른 개혁의 칼날을 휘두른 사람들은 한국교육의 역사 앞에 책임을 져야 한다. 개혁을 위한 개악을 그만하고 차분하게 교육을 제자리에 올려놓는 일부터 해야 한다.

(한국교육행정학회소식 제59회(98. 7. 15.), 한국교육행정학회)

7

교원 정년연령 단축행정의 실패를
시인하고 환원하라

새 천년 지식정보사회의 승부는 교육에 의하여 판가름 난다. 그래서 선진국들은 지금 교육의 질 향상에 국력을 총집중하며 '교육, 교육, 교육'을 외치고 있다. 그런데 우리나라의 현실은 고지 앞에서 총을 놓고 분열·투항하는 형국이 됐다. 교실붕괴가 바로 그것이다. 지식정보사회에서 교실붕괴와 왕따 문제는 우리 국가와 만족을 절망의 낭떠러지로 몰아넣고 있는 것이다. 교육으로 늦게나마 산업사회를 일으켜 세운 우리나라가 교육에 의하여 운명이 결판나는 지식정보사회 앞에서 교육이 무너지는 것은 IMF 관리체제로 경제가 무너지는 것보다 더 위기이다. 교육논리로 경제를 풀어가야 할 것을 거꾸로 경제논리, 정치논리로 교육을 파괴하고 있다. 그것도 지식정보사회 고지·적전에서 말이다.

교실붕괴·교육파괴의 가장 큰 원인은 교육 무시, 교원 무시에서 나온다. 교원 정년연령 단축도 교실붕괴의 한 원인이 된다. 무시 받는 교원들이 지식정보사회 고지 앞에서, 적전에서 맥이 풀린 것이다. 교육계의 이판사판, 난장판, 개판이라는 말이 난무한 지 이미 오래되었는데 위정자들은 눈앞에 어른거리는 달러($)에만 매달리고 관리들은 자기들 세 불리기와 교원 죽이기에만 매달리고 있으니 도대체 우리 민족은 어디에 희망을 걸어야 할 것인가?

명예퇴직이란 이름으로 교직에서 쫓겨난 사람이나 아직 목숨을 부지하고 남아 있는 사람이나 모두 아직도 왜 교원의 정년연령이 단축되고 쫓겨났는지 그 정책 이유와 목적을 알지 못하고 있는 것이다. 쫓겨난 교원들은 평생 국가에 충성한 죄밖에 없다는 것이다. 왜 교원의 정연연령을 단축하였는가? 이것으로 목적 달성한 것이 도대체 무엇인가? 고령교사 1명 쫓아내고 2.59명의 젊은 교사를 채용하고 실업자를 구제했는가? 그리고 남는 돈으로 교육에 시설 투자하여 환경개선 했는가? 돈 들여 멀쩡한 교원 쫓아냈다가 다시 초빙교원, 기간제 교원으로 돈 주며 불러들여 월급 주는 것이 정부가 돈 버는 일인가? 이들이 그전보다 더 열심히 애들을 가르칠 것인가? 이렇게 교실을 붕괴시키는 것이 수요자 학생, 학부모 국민을 행복하게 하는 것인가? 새로 교직에 들어오고 새로 교장, 교감으로 승진한 사람들이 쫓겨난 사람들보다 우수하다는 보장이 있는가? 절대 교사 숫자도 확보하지 못하게 하는 것이 교원 정년연령 단축정책의 정책목표였는가?

도대체 교원 정년연령 단축정책으로 얻은 것이 무엇인가? 당장 얻는 것이 없더라도 잠시의 정책혼란이 가시고 먼 훗날이라도 이익이 된다면 이 정년연령 단축정책은 장래를 위해서 밀고 나가야 한다. 그런데 문제는 교직사회의 장래가 암담하다는 데 더 심각성이 있다. 앞으로 우수하고 유능한 젊은이가 교사가 되고자 교대나 사대를 지원할 이유가 없다는 데 교직사회의 장래가 더 어두운 문제인 것이다. 앞으로 경제계에 경기라도 풀리는 날이라면 교직사회는 그야말로 무능교사로 채워질 것이다.

교원 정년연령 단축정책은 실패한 정책이다. 잘한 일이라면 이를 추진한 교육부 장관을 갈아치울 리가 없다. 그리고 현실적으로 봐도 그렇고 먼 장래를 봐도 잘못으로 나타나고 또 잘못이 뻔히 예상된다. 그렇다면 첫째, 이 정책에 책임 있는 사람이 먼저 정책실패를 공식적으로 시인·사과하고 정책수습을 위한 협조를 요청하는 일이 선행돼야 교직사회를 안정시킬 수 있는 실마리를 잡게 된다. 잘못된 것을 자꾸 얼버무리려 하고 뒷수습 땜질정책을 하려고 하다 보면 더욱 악수(惡手)를 두고 구렁텅이로 빠지게 된다. 정책실패를 인정할 것은 인정하고 학생교육을 위해서 중등기간제 교사, 초빙교원이라도 초등에 투입해야겠다고 설득해야 초등계, 국민으로부터 협조를 얻게 되는 것이다. 그렇더라도 임시교사 기간제·초빙교사로는 질 높은 교육을 하기 어려우니 모든 교원은 신분보장을 해줘야 한다.

교육정책은 실패해서는 안 되지만 인간이 하는 일이다 보니 실패할 수도 있다는 점도 교원들은 인정해 줘야 한다. 정책실패를 확인했지만 즉시 이를 시정하는 정책을 수립해야 한다. 이것이 신임 교육부 장관이 해야 할 일이다. 신임 교육부 장관이 이 일을 안 한다면 대통령이 교육부 장관을 바꿀 이유가 없다. 얼버무리게 하려면 정책결정자 전임 장관에게 맡겨 두는 것이 훨씬 나을 수도 있다.

잘못된 것은 바로잡아야 한다. 그러려면 둘째, 교원 정년연령은 65세로 환원되거나 아예 정년연령 자체를 없애야 한다. 개인에 따라 65세 이전에라도 퇴직하고 그 이후에도 퇴직하게 하는 방안도 연구할 필요가 있다. 일시에 또 획일적으로 정년연령을 환원하면 또다시 정책 혼란이 오고 조령모개 소리를 듣게 될 것이므로 정책 환원도 단계적 점진적으로 해야 한다. 어떤 이유에서든 자기 발로 교직을 떠났던 사람들에게서 순수한 제자사랑, 교직사랑, 옛날의 헌신과 충성을 불러일으키기는 어렵다는 것을 알아야 한다. 어쨌든 일시적인 정년연령 단축정책으로 손해 보는 사람을 적게 하는 수준에서 교원 정년연령은 환원되어야 한다. 교원 정년연령은 교직이 전문직이라는 특성으로 보나 세계적인 경향으로 보나 앞으로 우수교원 유인 확보 정책의 필요성으로 보나 반드시 65세 이상으로 환원될 것으로 본다. 누구에 의해서건 어떤 정권에서건 언젠가는 반드시 환원될 일이다. 그렇다면 잘못이 발견되고 인정된 즉시 환원 조치하는 것이 좋다. 그리고 환원하는 정책을 다음 정권에게 넘겨주기보다는 저지른 정권 에서 매듭을 짓는 것이 여러 가지로 유리하다.

교원의 정년연령을 65세로 환원한다고 해도 갑자기 교원의 사기 를 충천하게 만들기는 어렵게 되었고 옛날 순수했던 시절의 헌신을 끌어내기는 더욱 어렵게 되어 있다. 그래서 셋째, 획기적인 아주 강 력한 교원 우대정책을 강구하지 않으면 안 된다. 토라진 교원의 마 음을 되돌리고 돌아선 교심을 되돌려 지식정보사회를 승리로 이끌 단초를 마련하기 위해서는 우선 교원의 명예를 회복해주고 나서 교 원 우대 정책을 내놔야 한다. 단순히 과거로의 환원만으로는 이제 약효를 발휘하기 어렵게 되어 있다. 교원은 존경과 자존심을 먹고 산다. 촌지교사, 체벌교사, 112신고로 실추된 교원의 정신적 명예를 명백하게 회복시켜 주고 동시에 경제적·신분적으로 강력한 우대책 을 내놔야 한다. 이것은 아마도 교육부 장관 수준에서도 어려울 것 이다. 지금은 정당·정권 수준도 믿지 못하는 세상이다. 그동안 자 칭 '교육대통령'이라고 했던 사람들이 모두 실망시켜 왔기 때문이다. 이제는 말이 필요 없고 사전 정책발표가 필요 없다. 가시적으로 자 신의 몸에 와 닿아야 비로소 교원들은 약효를 느끼게 된다. 약봉지 에 씌어진 선전용 약효를 교원들은 더 이상 믿지 않는다. 더 늦기 전에 실질적 교원 우대책을 실천으로 보여 줘야 한다. 교원의 자존심을 송두리째 짓밟아 놓고 나서 뭐 금강산 관광이다, 연수 휴식년제다 하는 얄팍한 잔꾀로는 토라진 교원을 지식정보사회 역군으로 되돌리기는 어렵다는 것을 알아야 한다.

지금 우리 사회에 가장 큰 문제는 '신뢰'가 통째로 깨져버렸다는데 있다. 넷째, 정부는 앞으로 신뢰를 받을 수 있는 정책을 펴기 바란다. 헌법과 교육공무원법으로 신분을 보장해 준다고 했던 것까지 정부가 먼저 앞장서서 신뢰를 깨버렸으니 교원들보고 신뢰할 수 있게 행동해 달라고 요구할 수 없게 되었다. 젊은 교사들보고도 충성해 달라고 할 명분도 잃어버렸다. 우직하고 무능하다고 하리만치 미련스럽게 충성하던 선배 교사들이 하루아침에 쫓겨나는 것을 멀뚱히 바라보면서 몸으로 체험, 확인했기 때문이다. 신뢰는 잃기는 쉬워도 얻고 쌓기는 힘들다. 지금이라도 정부가 앞장서서 착실하게 신뢰 쌓기부터 해야 할 것이다.

우수교사가 필요하면 교직사회에 우수교사가 모일 수 있는 교육정책을 써야지 무능교사 쫓아내는 정책을 써서야 국민의 신뢰를 받을 수 있겠는가? 교사를 우수하게 만드는 정책을 쓰다가 못 따라오는 무능교사를 골라내기만 해도 충분히 목적을 달성할 수 있는 것이다. 무능교사, 부정교사가 있다면 엄격하게 다스려야 한다. 이것까지 잘못된 정책이라고 비난할 사람은 아무도 없다. 촌지교사, 체벌교사, 컴퓨터 못 다루는 교사, 영어회화를 못해서 꼭 쫓아내야 한다면 일단 가능한 기회를 주어 시정하고 나서 그래도 안 되면 그때 쫓아낸다고 해도 이를 비난할 사람은 아무도 없다. 정권이 좀 힘을 가졌다고 구더기 몇 마리 때문에 장독을 통째로 깨고 벼룩 몇 마리 잡자고 초가집을 통째로 불태우는 정책을 써서야 신뢰를 받을 수 있겠는가? 학생들이 감옥에 가게 되면 감옥에 가서도 공부는 해야겠지만 감옥에 가기 전에 가정에서 학교에서 공부하게 해야 할 것이 아닌가? 교실을 통째로 붕괴시키고 애들을 모두 유흥가로, 감옥으로 보낼 것인가?(어느 교육부장관은 학교에서는 배운 게 없고 감옥에서 배웠다고 했단다.)

세상은 자꾸 거꾸로 가고 있다. 정부가 국민을 걱정해 주는 것이 아니라 국민이 정부를 걱정하고 있다. 백성이 지도자들을 위태롭게 보고 있으며 아이들이 어른들을 걱정하고 학생들보다 흔들린다고 하더니 이제는 학생들이 보기에는 지식정보사회 앞에서 교직이 흔들리고 온 나라가 흔들린다고 걱정하게 되었다. 제발 위에서부터 신뢰받는 정책을 펴기 바란다.

교원 정년연령 단축정책은 실패하고 있으므로 책임 있는 사람이 일단 이를 시인·사과하고 수습에 협조를 요청하고 나서 단계적으로 환원하는 수순을 밟으면서 교원의 명예를 회복해 주고, 획기적 교원 우대책을 믿을 수 있게 펼치기를 요구하고 이를 기대한다.

(교육평론. 1999. 12. 권두 칼럼)

8

교육부총리제의 허상

우선 김대중 대통령께서 지식정보사회·문화예술사회의 도래와 함께 인적자원과 교육의 중요성을 인식하여 교육인적자원부 장관을 부총리로 승격시키고 그전 단계로 인적자원개발회의를 운영하려고 하는 점에 대해 그동안 교육을 중요시해야 한다고 외쳐온 한 사람으로서 먼저 환영과 함께 감사의 뜻을 표현하고 싶다. 그리고 본인도 교육 부총리제를 이미 제안한 바 있어(1998. 2. 6. 한국교총 제30회 교육정책토론회. 졸저 「교육행정강독」, 원미사, 1999) 교육부총리제 실현에 더욱 관심을 갖게 된다. 우선 교육부총리제는 일단 교육을 중시한다는 상징적 의미만으로도 상당한 가치를 가질 것으로 본다. 여기 참석자 모든 분들이 동의할 것으로 상당한 가치를 가질 것으로 본다. 여기 참석자와 독자들 모든 분들이 동의할 것으로 보는데 21세기, 앞으로 100년은 교육에 의하여 민족의 운명과 국가경쟁의 승부가 판가름나게 된다는 인식이다. 지금의 사회와 앞으로의 사회가 얼마 동안 지식정보·문화예술의 사회라고 한다면 이에 필요한 지식정보와 문화예술은 산업사회에서처럼 공장에서 물건을 제조해내듯

하는 것이 아니라 교육을 통해서 인적자원을 만들어 내야 하기 때문이다.

교육부총리제는 발표자도 언급했듯이 ① 교육의 중요도를 격상시켜야 하기 때문에, 그리고 ② 인적자원을 다루는 부서가 통합되거나 최소한 연결·조정·협동하여 효율성을 기해야 할 필요성 때문에 제안된 것이라고 보아야 할 것이다. 그리고 ① 작은 정부 지향과, 이제는 ② 분업보다는 통합의 방향이라는 세계적 거대조류와 맥을 같이 한다는 점도 고려해야 할 것이다.

이런 취지와 정신에 맞추려면 첫째, 중앙에서부터 통합해야 한다. 현재의 관련 업무와 관련 부처인 노동, 과학기술, 정보통신, 문화관광, 보건복지를 가능한 범위에서 통합할 것은 우선 최대한 통합하여 하나의 부나 원으로 하여 부총리로 할 것을 제안한다. 현재와 같이 나누어져 있는 것을 그대로 둔 채 단순히 장관을 부총리로 위상이나 높이고 회의나 해가지고는 우리나라 그동안의 역사로 보아 실효를 거두기 어렵고 부총리제 격상의 취지도 살리기 어렵다고 본다. 그런데 여기서 통합한다고 지금 하고 있는 일과 조직을 단순히 합쳐 놓는 것이 아니라 중앙의 일과 조직을 줄여 지방에 이양시키고 중앙의 일과 조직을 줄여야 작은 정부가 되고 통합과 연결의 의미도 살릴 수 있다. 통합에는 용기가 필요하다. 정부가 통합하는 데 얼마나 용기가 있는지 시험하는 시험무대가 될 것이다.

둘째, 통합 후의 조정이다. 최대한 통합노력을 하고도 도저히 통합할 수 없는 부처와는 부총리 주재하에 조정(회의)·협조를 하도록 해야 할 것이다.

셋째, 교육 투자가 선행되어야 한다. 아무리 교육인적자원부를 부총리로 격상시키고 위상을 높여놔도 돈이 없으면 무의미하게 된다. 돈이 있어야 힘이 생기고 위상도 올라간다. 특히 지식정보·문화에

술은 돈이 들어가는 분야이다. 교육재정 투자 없는 교육부총리제는 의미가 줄어든다.

넷째, 분권화가 전제되어야 한다. 교육인적자원부를 교육부총리로 격상시키고, 여러 부를 통합한다고 중앙에서 업무나 조직이 비대해지는 것을 지방정부나 교원 등 구성원들이 원치 않는다는 것을 알아야 한다.

다시 말하면 교육인적자원부장관이 부총리로 바뀌는 것과 교원과는 아무 상관없는 일이 되어서는 안 된다. 부총리가 되었다고 지방교육청과 학교, 교원이 더 통제받고, 더 지시받고, 더 명령받게 되면 지방과 학교, 교원은 교육인적자원부장관이 부총리로 바뀌지 않는 것만도 못하다고 할 것이다. 지금 교원들은 교육인적자원부가 힘이 없기를 학수고대하고 있다. 지금처럼 대학이나 교육청, 학교가 교육인적자원부의 통제를 받을 바에는 차라리 교육인적자원부를 없애고 행정자치부의 통제를 받는 게 낫다고 하면서 교육인적자원부 폐지론, 교육인적자원부 무용론까지 들고 나와 극단의 상태에 와 있다는 것을 알아야 한다. 식민지배를 받을 바에는 일본(교육부)의 식민지배를 받는 것보다 차라리 미국(행정부) 식민지배를 받는 것이 나을 뻔했다는 논리이다. 이 계제에 중앙을 줄여서 지방교육청과 대학과 학교의 자치와 자율화를 실현해야 한다. 분권화의 원리가 지켜져야 한다.

다섯째, 지방조직도 병행해서 바뀌어야 한다. 중앙정부조직이 바뀌면 반드시 지방정부, 교육청의 업무와 조직, 재정이 함께 변해야 한다. 중앙의 강물을 지방, 학교의 실개천이 받아내는 격이 되어서는 안 된다.

여섯째, 조직개편의 기본 방향이 정해진 후 세부조직을 구상해야 한다. 교육인적자원부(발표자의 인간자원부)의 조직은 앞에서 제시한 통합과 분권화가 어느 정도 이루어지느냐에 따라 달라질 것이기 때문에 성급하게 제안하기는 어려울 것이다.

일곱째, 구조 변화와 함께 문화개혁이 이루어져야 한다. 교육을 부총리로 격상시켜놔도 교육존중 문화가 형성되지 않으면 무의미해진다.

이외에도 더 많은 중요한 것이 있겠지만 제한된 시간이므로 줄이고 발표자의 노고에 감사한다. 발표자의 내용에 많은 부분 동의하지만 근본적으로 일단 여러 부를 합치고 줄여야 한다는 점에서 다르고 분권화에는 같은 의견인 것으로 본다.

(2000. 한국교육개발원 교육부총리제 학술 세미나 토론 원고)

9

교육인적자원부를 바꾸려면

신임 문용린 교육인적자원부장관은 "교육부부터 달라져야 한다"고 '교육인적자원부 개혁론'을 내세웠다고 한다. 제대로 교육현실의 맥을 짚은 것 같다.

학교 교육인적자원부에서 국민 교육인적자원부로 바뀌기도 하고, 인적인프라 구축의 부총리제를 위해서도 교육인적자원부가 달라져야 겠지만 무엇보다 급한 것은 "교원을 사랑하고 격려하기 위한" 교육인적자원부로 바뀌어야 한다는 것을 강조한다.

지금 교심이반(敎心離叛)으로 교육인적자원부와 교원의 마음이 따로 놀고 있다. 기름과 물과 같이 되었다. 정년연령 단축으로 교원의 목을 사정없이 내리치고, 교육개혁을 한다고 교원을 개혁의 대상으로 삼아 너무 걷잡을 사이 없이, 숨쉴 틈도 없이 몰아붙이기만 했기 때문이다. 거기다 또 촌지교사·체벌교사, 노동자 신세로 싸잡아 매질하여 이제 한국의 교사는 존경도, 자존심도, 사기(士氣)도 논하기조차 염치없고, 더 이상 물러서려야 물러설 벼랑도 없고, 떨어지려야 떨어질 낭떠러지도 없는 지경에 이르렀다. 그야말로 교원 세계에까지 이판사판이 된 것이다.

거기다 교육인적자원부는 교원의 심정을 모르는 일반론이 온통 다 차지하고 교육의 본질과는 거리가 먼 일을 하면서 국민의 세금을 가지고 장난치고 있는 것으로 교원들 눈에 비쳐지고 있으니 교육인적자원부는 이제 교원과는 멀리 떨어진 독불장군이 된 것이다. 교육인적자원부 혼자서 실컷 교육개혁 잘해보라고 교원들은 체념하고 있는 것이다. 교육인적자원부 관리들은 그동안 세 불리기를 한다고 자기 무덤을 판 결과 '교육인적자원부 무용론'까지 나온 것이다. 교원들이 교육인적자원부 관리들의 지배를 받는 것보다는 차라리 행정자치부 관리들의 지배를 받는 것이 낫겠다는 정서가 교원들 사이에 흐르게 된 것이다. 일본의 식민지보다는 미국의 식민지배가 나을 뻔했다는 논리이다.

문용린 장관도 관리들을 장악하지 못하면 재임 중 아무 일도 못하게 될 것이다. 이것도 초반에 장악하지 못하면 어렵게 된다. 전임 장관들 신세가 된다는 것을 알아야 한다. 교육감이나, 총학장·교장 모아 놓고 무슨 지시나 하고, 공문이나 내보내고 무슨 평가나 해서 돈 준다고 해서 개혁이 일어날 것으로 착각해서는 안 된다.

이제 교육인적자원부는 교육의 본질적인 일을 좀 하고 교육의 질을 관리하고 우리나라 교육이 나아갈 방향을 잡는 좀 철학적인 일을 해야 한다. 우리나라 교육이 나아갈 큰 흐름과 방향만 올바르게 잡아줘도 교육인적자원부는 큰일을 하는 것이다. 나머지는 교육 통계나 잡아주고 장학적 조언(獎學的 助言)이나 해주는 기능을 할 생각을 해야 한다. 나머지 방법적(方法的)인 일은 죽이 되든 밥이 되든 각 시·도 교육청과 각 대학에 맡겨야 한다. 교육인적자원부 관리 몇 명이 우리나라 교육을 다 챙겨 주기에는 우리나라는 이미 너무나 큰 나라이고, 너무나 수준이 높아진 나라이다. 돈 나누어 주는 일은 공식에 의하여 자동적으로 지방과 대학에 떨어지게 하면 된다.

청와대에 무얼 보고하고 보여주기 위해서 무슨 일을 하려고 하다 보면 또 실수를 하게 된다. 교육개혁은 그렇게 쉽게 이루어지지도 않고 또 그 결과가 금방 나타나지도 않는다. 교육이라는 농사는 최소한 10년, 30년 농사가 되어야 한다.

교육인적자원부가 달라지려면 교육의 본질과 질 관리, 철학과 연구 쪽으로 교육인적자원부의 조직을 바꿔야 한다. 만일 교육의 본질을 중심에 놓는 방향으로 교육인적자원부의 조직을 바꾸지 못한다면 급한 대로 이런 일을 해낼 수 있는 전문인력을 교육인적자원부에 배치해야 할 것이다. 만일 조직도 인력도 그대로 둔 채 "교육인적자원부가 먼저 달라져야 한다"고 장관 혼자서 외쳐대 봐야 공허한 메아리로 돌아올 뿐이다. 장관이 한 마디 한다고 달라질 교육인적자원부였다면 우리나라 교육을 이렇게까지 흔들어 놓지는 않았을 것이다.

필자도 교육부총리제를 제안한 바 있는데 그것은 지식정보사회에서 교육이 국가의제의 최우선순위에 서야 함에도 불구하고 교육이 계속 뒷전으로 밀려나고, 교육인적자원부 장관의 힘이 약하기 때문이었다. 필자가 교육부총리제를 제안했던 것은 교육·훈련과 고용·문화·과학·정보를 한 부서로 통합하는 안이지 지금처럼 여러 부로 나눠 놓고 부총리 주재하에 회의나 하고 조정이나 하는 정도의 부총리제는 아니었다. 옛날의 '문교부'처럼 지식과 정보·인력을 다루는 부서를 하나로 통합하여 장관을 부총리로 격상시켜야 한다는 안이 되어야 한다고 본다. 아니면 부총리 밑에 여러 명의 차관급이나 실장급을 두는 형태를 생각했던 것이다.

부총리제가 되기 전이라도 교육인적자원부는 달라져야 한다. 헌법정신대로 중앙집권과 통제로부터 지방분권과 대학자치로 넘어가야 한다. 교육의 본질과 철학의 방향을 잡고 교육의 질 관리를 하는 일을 중심에 놓도록 교육인적자원부의 조직이 달라져야 한다. 조직개편에 시간이 걸리면 교육을 연구하고 전문적인 일을 할 수 있는 사람으로 교육인적자원부 사람이 바뀌어야 한다. 조직도 사람도 안 바뀌고 장관만 바뀌어 가지고는 교육인적자원부는 더 이상 달라지기를 기대할 수 없다.

신임장관의 모처럼의 올바른 현실파악이 제대로 관철됨으로써 교육인적자원부가 달라져 교심이반 현상이라도 봉합되길 기대한다.

(한국교육신문, 2000. 1. 31).

10

교육인적자원부는 대학평가 기구인가?

○○○ 교수의 연구와 발표는 근본적인 문제점인 "교육인적자원부가 대학을 평가한다"는 그 사실 자체를 정당화시켜 주고 있다는 점이다. ○○○ 교수는 교육인적자원부가 대학을 평가한다는 사실 자체가 옳은 것이고 정당한 것이라는 기본가정과 전제하에 출발해서 연구를 맡고 부분적으로 개선하려했다는 데 토론자는 이의를 제기하는 것이다.

대학은 교육인적자원부의 소유물인가? 교육인적자원부는 대학을 통제하는 기구인가? 그렇지 않다. 대학은 근본적으로 대학의 자율과 학문의 자유의 몫이다. 대학의 자율은 대한민국 헌법이 보장하고 있는 것이다. 무슨 평가가 되었든 교육인적자원부가 대학을 직접 평가한다는 자체가 부당한 것인데 부분적으로 개선방안을 제시하는 연구를 맡는다는 자체가 잘못된 것이다. 좋은 대학을 만들기 위해 교육인적자원부가 대학을 평가하려는 의도와 목적을 선의로 해석하고 받아들이려 한다고 해도 문제이다. 그러면 교육인적자원부는 대학평가 기구인가? 분명히 교육인적자원부는 대학평가 기구는 아니다. 대학

재정과, 대학지원과, 대학학사제도과가 대학평가 전문기구는 아니다. 대학평가는 고도의 평가전문기구에서조차도 평가하기 어렵다는 것을 인정하지 않을 수 없다. 그러면 교육인적자원부가 대학을 정확하고 공정하게 평가할 수 있는 능력이 있다고 보는가? 고등교육을 전공한 전문기구와 인력이 있는가? 아니면 대학평가를 전공으로 연구하는 기구와 인력이 있는가? 그리고 이 세상에 교육인적자원부가 대학을 평가하는 나라가 어디 있는가? 아마 대한민국 교육인적자원부뿐이 없을 것이다. 대학을 평가한다면 그나마 각 대학과 대학자율기구만 이 할 수 있는 것이다. 그래서 대학평가를 인정한다는 미국도 민간 단체인 대학 자율기구에서 그것도 최저기준 통과 여부만 확인해주는 (accreditation) 것이다. 미국의 대학은 교육인적자원부의 관할도 아니 다. 영국도 정부나 관의 기구가 대학을 평가하고 재정을 직접 배분 하면 대학이 정부와 관의 영향을 받는다고 해서 민간기구에 부탁하 여 간접적으로 대학에 재정을 배분하고 있는 것이다. 그것도 평가 결과에 의해서가 아니라 일정한 공식(formula)에 의하여 배분하는 것 이 주류를 이루고 있다. 대학통제로 악명 높은 일본도 문부성이 대 학평가를 못하고 대학기준협회가 설립기준만 제시하고 있다. 이런 점을 생각하면 교육인적자원부의 대학평가의 실태를 파악하고 문제 점을 찾고 개선방안을 제시하는 것은 교육인적자원부가 하고 있는 일을 정당화시켜 주는 일만하고 있는 셈이다. 백보 양보하여 교육인 적자원부를 평가기구, 재정배분기구로 보고 평가해서 제발 돈을 좀 나눠달라고 대학과 국민들이 매달리고 구걸한다 하더라도 문제는 여 전히 남아 있다. 교육인적자원부가 제시한 사업, 특성화방향, 개혁방 향이 다 옳은 것이냐의 문제가 있다. 또 교육인적자원부 의도대로 사업목적을 달성하고, 개혁이 이루어지고, 특성화가 이루어졌느냐에 문제가 있다. 평가를 하고 개선방안을 찾는다면 여기에 먼저 관심을 가졌어야 한다. 평가에 의하여 지원된 재정이 올바르게 쓰여 목적을 달성하고 있느냐에 대하여 먼저 평가를 했어야 할 것이다. 매년 교육인적자원부의 평가 - 재정지원 - 집행 - 평가 방식이 정당하냐를 먼저 연구했어야 할 것이다. 대학평가와 재정지원 방법에 근본적으로 이의를 제기하는 입장이기 때문에 토론자는 부분적, 미시적 개선 방안에 대한 토론은 유보하기로 한다.

결론적으로 토론자는 대학평가는 각 대학과 대학 자율기구에 맡겨져야 하고, 대학재정지원도 대학자율기구나 민간기구에 맡기고 교육인적자원부가 모든 대학을 다 개혁해주고, 발전도 시켜주고, 대학의 모든 것을 다 일일이 챙겨주겠다는 지나치게 친절한 생각은 이제 그만 바꿔야 할 때라고 본다. 대학을 계속 손아귀에 넣고 휘두르게 되면 나중에 교육인적자원부가 부정·부실·부도내고 망하는 대학에 대하여도 책임을 면하기 어렵게 된다. 대학도 교육인적자원부로부터 자유로워져야 하겠지만 교육인적자원부도 빨리 대학으로부터 자유로워져야 할 것이다.

(한국평가학회, 2000년 춘계학술 심포지엄 토론 원고).

11

교육부의 교육청 평가, 정당화될 수 없다

교육부가 아무리 미사려구를 동원하여 교육청 평가의 목적과 이유, 성격과 특징, 효과와 성과·공헌을 내세워도 이는 정당화될 수 없다. 교육부가 교육청을 평가하려고 했다는 자체가 잘못을 저지르고 있다는 사실 자체를 모르는 것이 더 잘못이다.

교육부가 교육청을 평가한다는 것은 교육의 자주성, 전문성, 정치적, 중립성, 자율성이라는 헌법정신과 지방교육의 특수성이라는 교육법과 지방교육자치에 관한 법률의 정신에 어긋나고 있다.

우선 교육의 자주성, 자율성 보장이란 헌법정신에 의하여 교육부는 교육청을 평가할 수 없게 되어 있다. 근본적으로 우리나라에서 (소수 국립학교를 제외한) 초·중·고등학교 보통교육의 관할과 책임은 교육청에 있기 때문에 교육부는 교육청이나 대학을 평가할 자격도 권한도 없는 것이다. 보통교육은 교육청의 몫이고 대학 교육은 각 대학의 몫이다. 자주성과 자율성, 지방교육의 특수성을 인정하고 표방하는 나라에서 중앙교육부가 지방 교육청과 대학을 평가하는 나라는 전 세계에서 그 유례를 찾아볼 수 없을 것이다.

교육부가 교육청을 평가할 수 있는 근거가 없고 불법을 저질렀다는 것을 인정했기 때문에 새로 제정되는 초·중등교육법, 고등교육법에 평가 조항을 살짝 끼워 넣은 것이다. 그러나 최소한 1996, 1997년도에 실시한 교육부의 교육청 평가는 불법이었다.

교육의 전무성이란 측면에서도 교육부는 교육청을 평가할 수 없다. 원래 교육 중에서도 교육평가는 고도의 전문성을 요구하는 부분이다. 교육부가 그런 전문성을 갖고 있는가?

원래 평가는 장학(奬學)의 일환이다. 한 나라의 교육의 목적과 목표, 방향과 방침을 정해 놓고 그 방향으로 그 나라의 교육이 굴러가는지 확인하고, 개선을 위해서 권고안을 제시하는 것이 장학이고, 장학 안에 평가의 기능이 자연스럽게 스며들었던 것이다.

그런데 우리나라에서는 장학의 '장(奬)'자도 모르는 장관과 일반직들이 교육부에서 장학실을 없애 놓고 얼토당토않은 지방교육지원국이란 전문성과는 거리가 먼 부서에서 평가해서 800억, 1,000억씩 차등 지원한다고 서슬 퍼런 칼날을 들이대고 있으니 이 나라의 교육이 제대로 될 수 있겠는가? 교육부의 교육청 평가는 교육의 전문성이란 헌법정신에 어긋난다. 세계는 교육의 질을 가지고 경쟁을 하고 있어 평가를 하려면 교육의 질을 평가해야 하고 평가를 하더라도 교육의 질적 평가방법을 써야하는데 전문성이 없으니 계량적 평가를 하며 숫자놀음을 하고 있는 것이다. 평가광신병 환자, 통계광신병 환자라는 비난을 면키 어렵다.

교육부의 교육청평가는 자율성과 지방교육특수성이란 정신에도 어긋난다. 교육과 교육행정에 있어서 계획-실천-평가는 일련의 자주적·자율적 과정이기 때문에 교육청에서 계획-실천 했으면 평가도 교육청의 몫이지 교육부가 할 일이 아니다. 교육부는 각 교육청의 자율평가, 자체평가를 권장하고 지도할 수는 있어도 직접 평가와 차등지원의 칼날을 들이댈 수는 없다.

교육부는 교육청을 평가하려고 하기 전에 먼저 교육부 자체평가를 제대로 하기 바란다. 각 교육청마다 계획과 실천, 평가계획이 각각 다른데 교육부가 무슨 근거로 전국 획일의 평가 잣대를 들이대고 열린 교육 96.4퍼센트, 능력별 교육과정 91.4퍼센트 학교운영위원회 107.6퍼센트 운운할 수 있는가? 열린 교육 96.4퍼센트는 또 하나의 전국 획일교육, 폐쇄교육을 강요하고 있다는 것을 왜 모르는가?

교육청 평가는 정치적 중립성이란 정신에도 어긋난다. 교육을 모르는 정치집단이 무리하게 당치도 않는 중앙집권식·하향식 교육개혁을 한다고 무리하게 압력을 가하려고 하다 보니 여기서 나온 것이 교육청평가이다. 그래서 교육 개혁안 발표에 이어 평가가 나와 판을 치게 되었다. 교육평가가 교육적으로 이루어지지 못하고 정치적으로 이루어지고 또 그 결과도 그렇게 나오고 있다. 교육개혁은 교육의 본질을 위한 것이어야 하는데 교육청 평가에서 교육의 본질을 평가하지 못하고 교육개혁과 교육정책 분야를 평가한다고 하고 또 그것을 숫자로 나타낸다고 하니 그것이 잘못이다. 근본적으로 교육정책과 교육개혁안이 잘못되었는데 그 잣대로 교육청을 평가하면 무엇이 나오겠는가?

교육부의 교육청 평가는 시대의 흐름, 역사의 흐름, 교육평가의 거대한 흐름에도 어긋나고 있다. 세계적인 거대조류의 하나가 분권화(分權化)이어서 중앙에서 지방으로, 지방에서 학교(교장)로, 교장에게서 교사로, 교사에서 학생으로 권한과 주도성이 옮겨가 지방교육자치, 학교단위 자율책임 경영, 교사권한 확대(teacher empowerment) 학생 주도 학습(열린 교육)이 강조되고, 또 교육부 사람들 자신의 입으로도 이것을 부르짖고 있으면서 중앙통제의 교육부에 의한 교육청 평가를 한다니 시대에 역행하는 것이다. 교육부의 교육청 평가, 대학평가에 신들리고 이에 춤추는 사람들은 도대체 어느 시대 사람들인가? 산업사회에서 정보사회로 이행하면서 계량의 시대에서 질의 시대로 바뀌고, 평가서도 계량적 평가에서 질적 평가로 바뀌고 있는데 교육부는 교육청 평가의 숫자에 자신과 확신이 있는가? 이에 자신 있으면 교육정책, 교육개혁 분야를 평가하지 말고 40분, 50분 수업을 평가하여 차등지원해 보라.

초등학교 평가에서 '수우미양가'까지도 없애는 교육평가의 흐름과 교육부의 교육청 평가에서 숫자놀음을 하는 평가방법이 교육평가의 흐름으로 보아 일치하는가? 한 나라의 교육평가의 방향이 서로 모순을 낳고 있다. 지금 기업체, 공장에서까지도 점수를 매기면 질이 떨어진다고 하여 질을 추구하는 곳에서는 평가를 금지하고 오히려 자기평가에 맡기는 흐름이라는 것을 알아야 한다.

근본적으로 교육부가 교육청을 평가한다는 자체가 잘못되었기 때문에 지금 교육청 평가와 대학평가는 부작용만 낳고, 인력과 시간, 재정을 모두 낭비하고 있다. 평가한다는 자체가 잘못이므로 그 부작용과 낭비에 대하여는 여기서 일일이 열거할 필요도 없다.

교육부가 교육청에 대하여 지도와 감독을 하려면 지금이라도 지도는 교육의 본질을 다루는 장학실을 부활하여 장학을 통해서 하고, 일반직에서는 회계 등 감사 기능을 엄격히 하겠다는 방향으로 돌아서야 한다. 그렇다고 해도 대학은 어디까지나 고도의 자율에 맡겨져야 한다. 절대왕권과 절대종교 시대에도 건드리지 않던 것이 대학이라는 것을 알아야 한다.

지금이라도 교육부는 보통교육에 관한 것은 교육청에, 고등교육에 관한 것은 대학의 자율에 맡겨야 한다. 새로 제정된 초·중등 교육법과 고등교육법에 교육부가 교육청을 평가하게 되어 있는 법조문은 빨리 폐지되어야 한다. 교육청과 대학은 교육부의 부속기관이나 하급기관이 아니다. 교육부가 교육재정을 모두 움켜쥐고 지방에 지원해준다고 하는 발상 자체를 바꿔야 한다.

지방세로 지방교육을 자립적으로 운영할 수 있도록 조세제도 자체를 바꿔야 한다. 중앙은 지방의 균형 발전을 위해 약간 보조해주는 정도가 되어야 한다.

문민정부를 표방한 정권의 경제 관료들이 나라의 경제를 '빈깡통'으로 만들어 IMF부속경제를 만들었듯이 교육 관료들이 우리 교육을 황폐화시키지 않는다는 보장이 없다. 이미 너무 많이 망쳐 놨다. 사정정권·평가정권의 말로(末路)는 '빈깡통'이다. 교육과 교육행정에서 무엇이 잘못되고 무슨 엄청난 잘못이 저질러지고 있는지 그 자체를 모르고 있으니 한심하다.

교육부의 평가기능은 장학 안에 들어 있어야 본질로 돌아가는 것이다.

(교육진흥 권두언으로 썼었으나 부분적으로 미게재.)

12

교장 선출제의 비논리

최근 보도대로라면 교직을 발전시킨다면서 교장선출제를 들먹여 교원정년 단축에 이어 또다시 교육황폐화를 획책하고 있다.

교장은 우선 학생을 교육하는 교원이고 교육자이다. 그래서 경영 능력을 내세워 일반인, 일반직을 교장직에 앉히려는 음모에 속아서는 안 된다.

교장은 교사를 이끌어야 할 고도의 전문성이 요구되는 전문 교육 지도자이다. 그래서 교장에게는 고도의 훈련과 교육을 포함한 높은 자격기준이 요구된다. 교사에게 자격이 요구되듯이 교장에게는 더 높은 자격과 자질이 요구된다는 것은 삼척동자도 다 아는 상식이다. 그래서 미국 초·중등교장의 대부분이 교육행정학 박사학위를 갖고 있다.

교장에게 자격이 필요 없다면 교육행정, 교장론, 장학론 등 그런 책과 전공·학문이 왜 이 세상에 존재하겠는가? 학생, 학부모, 교사 에게는 교육인적자원부장관보다 자기네 학교 교장이 더 중요하다.

가르치는 교사전문가와 교육행정과 교육리더십을 전문으로 하는 교장전문가를 뒤죽박죽 섞으려고 하면 안 된다. 축구선수와 축구 감독을 뒤섞어 돌려가면서 해먹자거나 인기투표해서 선출하자는 주장에 국민들이 속아 넘어가겠는가? 같은 육상에도 단거리와 마라톤 전공이 다르듯이 교사의 일과 교장의 일은 다르다.

교육의 주체는 국민이고 지역주민이다. 지역주민은 '교육위원 → 교육감 → 교장'이라는 단계에 맞게 교육경영과 학교행정, 학생교육의 책임을 맡긴 것이다. 그래서 교장의 추천에 의하여 교육위원회나 교육감이 교사를 채용하거나 면직시킬 수는 있어도 교사가 교장을 선출할 수는 없다. 교육 자치는 주민자치인 것이지 교사 자치는 아니다.

만일 교장을 선임하려면 학교경영과 학생교육을 위한 고도의 전문적 자격을 갖춘 자를 주민이나 학교운영위원회 그리고 주민의 대표기관이고 운영주체이며 사용주인 교육위원회가 하는 것이 원칙이다.

순경이 모여 경찰서장 뽑고, 사병들이 투표해서 사단장 뽑고 회사원이 사장을 뽑겠다는 것은 가능한 일인가? 고용된 사람이 고용주·경영주를 뽑겠다는 것을 국민들이 용납하겠는가?

교장을 노조위원장이나 교사친목회장으로 착각해서는 안 된다. 노조위원장이라면 1급 정교사 중 20년 교육경력자로 선출해도 좋을 것이다. 그러나 교장은 노조위원장은 아니다.

초빙교사, 초빙교장제로 평생 한 학교에만 근무하기로 계약돼 있는 경우에 한해 교장 초빙 시 교사대표가 학교운영위원, 교육위원, 교육청인사담당과 함께 면접에 참여하는 경우는 있을 수 있다. 평생 같은 학교에서 교장과 교사로 근무하게 되기 때문에 먼저 들어온 교사들 대표의 의견을 듣기 위한 장치를 두는 것이다.

설사 교사들에게 교장선출권을 준다 해도 지금과 같은 4, 5년의 순환근무제에서는 불가능하다. 교장선출에 참여한 교사와 선출교장과 같이 근무할 교사가 계속 바뀌기 때문이다. 학기별로 해마다 그

해의 교장을 선출해야 교사 입맛에 맞는 교장을 뽑는다고 할 것이다. 이렇게 되면 학교행정과 학생교육의 안정성은 있을 수 없다.

또 낙도·벽지 같은 소규모 학교에서는 몇 명 안 되는 교사들이 훌륭한 교장을 과연 선출할 수 있겠는가? 20년 된 교사가 한 명도 없는 학교가 있을 수도 있기 때문이다.

좋은 학교에는 반드시 민주적이면서도 강력한 리더십을 가진 교장이 있다. 교장을 중심으로 교사들이 똘똘 뭉칠 때 학생교육을 잘 하고 교육의 효과도 높일 수 있고 교원도 보람을 느낄 수 있다.

자격을 갖춘 능력 있는 전문지도자 교장이 필요하다면 최소한 교육행정 대학원 수준에서 교육행정을 전공하고 의사처럼 인턴과정을 거치게 하는 교장양성과정을 설치하는 대안이 있을 수 있다. 교직경력 5~7년인 사람 중에서 교감·교장과정 대학원생을 선발·교육·임용하면 젊고 유능한 교사도 교장이 되는 길이 트일 것이다. 태국의 경우 교사경력 5년 이상자 중에서 교장시험에 의해 선발 임용하지만 교사로 교장으로 갔다왔다하지는 않는다. 20~35년씩 전문교장으로 일하게 하는 것이다. 부분적으로라도 젊고 유능한 교사를 선발하여 교육행정대학원에서 전문교장교육으로 양성하여 높은 자격을 갖춰 교장으로 임용하는 방안을 제안한다.

교사는 주장할 것을 주장해야 한다. 특히 노조는 약속대로 보수·근무조건·후생복지에만 목소리를 내야 한다. 교육과 교육행정에서 교사의 주장과 자율성은 최대한 존중돼야 한다. 그렇다고 원칙에 어긋난 것까지 존중될 수는 없다. 교직발전종합방안에 알맹이는 하나도 없다는 편이다.

(한국교육신문, 2000, 10. 9.)

13

교장은 노조위원장이 아니다

교장을 교사들이 선출했으면 좋겠다는 일부 교사들의 의견이 있다고 한다. 그렇게 되면 교사들 맘에 드는 교장을 교사들 맘대로 교장직에 앉혔다가 맘에 안 들면 바꿔치고 해서 교사들은 좋을지 모른다. 그러나 국민교육은 제대로 안 될 뿐만 아니라 이런 주장은 논리에도 안 맞는다.

먼저 교육은 국민의 것이고 주(시)민의 것이지 교사들의 것이 아니라는 것을 알아야 한다. 교육의 통제권은 국민에게 있는 것이지 국민이 고용한 교사에게 있는 것이 아니다. 교육통제권은 국(주)민 → 교육위원회·교육감 → 교장 → 교사로 이어지는 것이지 교사 → 교장 → 국(주)민·학생으로 거꾸로 갈 수는 없는 것이다. 교사가 지배하는 사회를 국민들이 원하지는 않는다. 국민이 세금을 내서 교사를 고용하고 고용당한 교사로부터 통제를 받고자 하는 주인이 이 세상 어디에 있겠는가? 교육은 교사 맘대로 하는 '교사자치'가 아니라 '주민자치'인 것이다.

그리고 학교는 자치를 할 수 있는 자치의 단위가 아니다. 학교단위에서 교장을 선출할 수는 없게 되어 있다. 우리나라에서 주민자치의 단위는 시·도 단위이다.

교사는 (국가)교육공무원으로 국가에 의하여 고용당한 사람이다. 국가에 의하여 고용당한 머슴이 기관장을 맘대로 선출하라고 허용하는 나라가 어디 있을 수 있겠는가? 고도의 전문성이 요구되는 의사들도 병원장을 선출하지 못한다. 교육청 직원이 모여 교육감을 선출하고, 교육부 직원이 장관을 선출하고, 청와대 직원이 대통령을 뽑자는 논리와 다를 바 없는 주장을 일부 교사들이 하고 있는 모양이다. 교장은 근본적으로 선출직이 아니고 교장과 교사는 신분과 하는 일이 확연히 다르다. 교장은 지도자이고 지도자 임명은 교육통치권자(주민)의 권한에 해당된다.

만일에 교장을 꼭 선출해야 한다면 교육통권자인 주민이 해야 한다. 학부모만 참여해서 교장을 선출하는 것도 안 된다. 학교는 국민의 것이고 주민의 것(학부모 아닌 사람까지 포함하여)이기 때문이다. 극단의 경우 마을 이장이 교장이 될 수는 있어도 교사들 보고 교사 중에서 교장을 선출하라고 하는 나라는 없다. 마을 이장이 교장 노릇하는 경우는 6·25 때 공산치하를 생각하게 할 것이다. 스위스에서 마을 주민에 의하여 마을 농부가 교장으로 선출되는 경우는 있다. 미국이나 영국에서 학교운영위원회와 교육청 인사담당, 교육위원회 인사담당이 함께 교장초빙위원회를 만들어 교장을 한 학교의 빈자리로 초빙하는 경우는 흔히 있다. 이런 때 교사대표가 운영위원회의 한 사람으로 면접에 참여할 수가 있다. 이런 경우라도 교장과 교사는 한 학교에서만 고정하여 함께 근무하게 된다. 순환근무제에서는 교장선출제가 불가능하고 또 의미가 없다.

교장직은 교사직과 다른 또 하나의 전문직이다. 교육행정전문직인 것이다. 가르치는 전문성에 더하여 교육행정과 리더십의 전문성이 요구되는 보다 높은 수준의 전문직인 것이다. 교장을 아무나 할 수 있다고 교사나 일반직이 주장한다면 교사직·일반직마저 초라하게 되고 도전받게 된다. 학생과 학부모가 교사도 선출·선택하고 일반직도 자기들이 좋아하는 마을 사람을 앉혀 놓겠다고 논리를 펴고 주장하게 되면 교원체계 자체가 무너지게 된다. 교사들이 교장을 선출하겠다는 주장은 국민을 무시하는 처사이고 스스로 교직의 전문성을 무시하는 처사로 모두가 추락하고 몰락하는 길로 가게 된다.

일부 단체들은 교장에게 교사임면권을 줘야 한다고 주장하는 동시에(사립학교 교원들) 또 그들 입에서 교사에게 교장 선출권을 줘야 한다는 목소리를 내고 있다. 교장이 교사를 뽑고 또 교사가 교장을 뽑겠다고 그때그때 편리한 대로 주장하고 있으니 도대체 이 나라 교육을 어떻게 하자는 것인가? 그야말로 뒤죽박죽이다. 도대체 어떻게 참교육을 하겠다는 것인지 알 수가 없다. 많은 주장을 하다보면 논리의 일관성을 잃고 무리수를 두게 된다.

교육에서 교사의 자율성과 교권은 절대적이고 또 최대한 존중되고 보장되어야 한다. 그렇다고 교육통치권까지 주민들로부터 우리가 모두 뺏을 수는 없다. 교장임명권은 국민과 주민의 교육통치권에 해당된다.

한 학교의 교육은 전적으로 교장에게 달려 있다. 유능하고 민주적인 교장양성을 위해서 노력을 해야 한다. 30대에서 교장을 할 수 있는 길을 터야 할 때라고 본다. 그래도 교사가 교장을 선출할 수는 없다. 노조위원장은 노조원들이 선출해도 좋을 것이다. 교장은 노조위원장이 아니다.

(서울교육신문, 서울교원단체연합회)

4

교원은 존경과 자존심을 먹고 산다

1

교원은 존경과 자존심을 먹고 산다

　프랑스에서 월드컵 축구대회가 열릴 때 우리나라 온 국민은 밤잠을 설쳤다. 구경하고 즐기려는 목적도 있었겠지만 응원하기 위한 목적이 더 컸을 것이다. 선수들은 온 국민이 보이지 않는 곳에서도 밤잠을 못 자며 응원할 것을 생각하여 온 힘을 기울여 평소의 실력 이상으로 뛰려고 노력했을 것이다. 선수는 국민의 기대에 어긋나지 않게 하려고 전심전력을 다하는 것이다.(우리나라에서 열리는 2002 한일월드컵에서 더 실감했을 것이다). 평소에 운동을 좋아하지 않던 사람들까지도 박세리, 박찬호(최경주, 김연아, 박태환)를 위해서 응원의 박수를 보낸다. 그러면 그들은 사기충천하여 더욱 잘하게 된다.

　군대와 운동선수 팀에게 있어서 집단정신과 사기는 승패에 절대적이다. 그래서 사기충천한 군대와 운동 팀을 만들려고 지휘관과 감독은 온갖 노력과 수단을 다 동원하게 된다. 운동선수로 뛰는 사람은 댓 명, 십여 명인데 동원되는 응원단원은 수천, 수만, 수천만 명에 이르게 된다. 구경보다도 선수들의 사기를 높여주기 위해서이다.

　집단의 사기는 그 집단이 원래 가지고 있는 능력, 실력에다 알파의 힘을 더해준다. 이 알파의 힘이 집단을 승리로 이끌게 한다. 이 집단의 응집력과 사기, 협동심에서 나오는 알파라는 힘을 얻기 위해서 온갖 전략과 노력을 다 동원해야 한다.

우리는 지금 국제교육전쟁의 시대에 살고 있다. 군사전쟁, 경제전쟁보다 더 무서운 총소리 없는 교육전쟁을 하고 있는 것이다. 지식정보사회에서 지식과 정보는 군대가 만들어 내는 것도 아니고, 공장에서 만들어 내는 것도 아니고, 바로 교육, 학교 교실과 연구실에서 만들어 내는 것이기 때문에 선진국들은 지금 21세기에서도 계속 자기들이 주도권을 잡기위해서 "교육, 교육, 교육"을 외치며 교육전쟁을 승리로 이끌고자 하고 있다.

교육전쟁을 승리로 이끌기 위한 가장 중요한 요소는 말할 것도 없이 교사이다. 그래서 교육의 질은 교사의 질을 능가할 수 없다고 하는 것이다. 그런데 우리나라의 교원정책은 지금 유능한 인재를 교직으로 유인하는 데 실패하고 있으며 오히려 유능한 교원을 교직으로부터 내쫓고 있다. 열심히 학생을 가르치려는 교사와 충성하고픈 교사의 사기를 반대로 꺾어 놓고 있는 상황이다.

옛날에는 우수 인력이 교직으로 몰려 교원들이 자부심을 가질 수 있었고 사기가 높았는데 이제는 교원들이 교직에 종사한다는 사실을 숨기고 오히려 패배의식에 젖어 있게 되었다. 국가가 어려울 때 봉급도 제대로 못 받으며 헌신하여 우리나라를 이 정도로 살만하게 일으켜 세운 원로교사들을 이제는 무능으로 내몰려고 하고 있다. 교육 관료의 사기를 높이려고 교사를 때려잡는 것같이 교원들의 눈에 비치고 있다. 그동안 교사 노릇한 게 무슨 죄인가? 교원을 죄인 취급하고 있다. 그동안 교사들이 저지른 죄목이 도대체 무엇이란 말인가? 교사들이 먼저 개혁의 대상인가, 아니면 교육 관료들이 먼저 개혁의 대상이 되어야 하는가? 학교를 먼저 개혁해야 하는가, 아니면 교육부가 먼저 개혁돼야 하는가? 경제 관료가 우리나라 경제를 망치듯이 교육 관료가 우리나라 교육을 망치지 말라는 법이 없다. 학생들의 인성교육을 걱정하기보다 먼저 교육 관료의 인성을 우려하게 되어 있다. 모든 것이 거꾸로 가니 국제교육전쟁을 앞두고 충천해야 할 교원의 사기는 지금 밑바닥을 기고 있다.

지금 교원들은 "교육개혁 잘해보시오", "열린 교육 잘해보시오", "학교평가, 학교운영위원회 잘해보시오"라고 하며 냉소주의에 빠져들고 있다는 것을 교육개혁 주도자들은 알아야 한다. 아이들을 무섭게 혼낼 필요도 없고, 숙제를 내줄 필요도 없고, 학교급식 점심이나 뜨뜻하게 잘 먹여서 집으로 돌려보내는 게 좋겠다고 체념하기까지 한다.

이게 요즘 수요자중심교육으로 나타나는 현상이다. 도대체 교원이 열성을 부릴 명분이 없다. 쫓아낸다니 쫓겨나지 않을 정도로만 근무하면 된다고 생각할 수 있다.

이런 식으로 계속 흘러가면 교육개혁도 아무런 의미를 갖지 못한다. 국제교육전쟁에서는 패배자가 될 수밖에 없다. 교원 자신들도 일하는 재미도 못 갖게 되고 패배하는 삶을 살게 된다. 불쌍하고 비참한 교원의 길을 걷게 된다.

더 이상 이렇게만 살아갈 수는 없다. 우리는 질 때는 지더라도 열심히 할 때 행복하다. 정부는 개혁에 앞서 교원의 신바람을 먼저 불러 일으켜야 한다. 교원들로 하여금 스스로 하고 싶은 마음을 먼저 불러 일으켜야 한다. 교육개혁의 바람을 밑에서부터 불게 하는 한 수 높은 개혁전략이 필요하다. 억지 개혁은 반드시 실패로 끝난다. 교원이 주도하는 교육개혁이 되어야 한다.

교원은 자존심을 먹고 산다. IMF 관리시대라 교원에게 물질적, 금전적 보상은 충분히 못해준다 하더라도 정신적, 심리적 보상이라도 해줘야 한다. 국민적 존경심을 교원에게 보내줘야 한다. 무엇보다 교원에게 교육 관료들의 존경심을 먼저 보여줘야 한다. 교원은 존경이란 이슬을 먹고 산다.

교육개혁을 성공적으로 이룩하려거든 먼저 교원의 사기를 진작하라. 우리나라가 21세기 국제교육전쟁에 선수명단을 제출하려거든 먼저 교원의 사기를 충천하게 만들어라. 그러면 우리 교원도 협동 단결하여 교직에서 보람을 찾고 신나게 학생을 가르쳐 교육전쟁에서의 승리의 월계관을 우리 국가와 민족에게 틀림없이 바칠 것이다.

이러한 국가 위기의 시대를 맞이한 시점에서도 흔들리지 않고 학교 현장에서 말없이 묵묵히 자신의 본분과 직분을 충실히 다하고 계시는 선생님께 머리 숙여 경의를 표하며 같은 교원으로서 여러분들께 격려의 박수를 보내드립니다.

선생님! 힘내십시오.

미래는 우리를 위하여 미소를 짓고 있습니다.

2

제자를 두려워하는 교사

　교직은 가치 있고 중요한 일을 하면서도 그에 상응하는 대우를 받지 못하고 있는 직업인지도 모른다. 그러나 우리가 생각을 어떻게 하느냐에 따라서 "보람"을 찾을 수 있는 직업이라고 본다. 배우고자 하는 학생을 가르쳐서 기쁨을 주고 또 그들이 자라고 성장하는 모습을 곁에서 바라보면서 즐거움을 가질 수 있다. 이들이 자라서 국가와 사회에 기여하는 것을 보면서 가치 있는 일을 하고 있다는 보람을 느낄 수 있다. 세상에 수많은 직업이 있지만 이런 보람을 느끼면서 사는 사람들이 얼마나 되겠는가?

　여기서는 성직이니, 천직이니, 사명감이니 하는 이야기를 반복하고 싶지 않다. 그저 산책하는 기분으로 이 이야기 저 이야기하면서 교사라는 직업에 대하여 함께 생각해보기로 한다.

　유태인들은 국가는 멸망해도 교육은 계속되어야 한다는 믿음을 갖고 민족 대대로 노력한 결과 2,000년 동안 지구의 곳곳에서 갖은 고난과 학대를 받으면서 떠돌아다니다가도 다시 모여 이스라엘이라는 나라를 세웠다. 이것은 바로 교육의 힘에서 나온 것이다.

우리나라가 일제의 식민지, 6·25의 잿더미로부터 이만큼 일어설 수 있었던 것도 바로 교육의 힘이라고 평가하고 있다. 우리의 선배 교사들이 어려운 역경 속에서도 희생적으로 열심히 가르쳤고, 국민들도 교육에 열을 올렸고 학생들도 이에 잘 따라주었기 때문이다(교사의 교육애, 학부모의 교육열, 학생의 향학열). 그래도 그동안에 교육받은 인구가 많이 있었기 때문에 이 정도의 국가 수준으로 올려놓을 수 있었던 것이다.

이렇게 해서 올려 세워 놓은 경제 성장과 국가 발전이 교육에 재투자하지 않고는 한 단계 더 높은 수준으로 끌어올리기 어렵게 되어 있다. 교사를 대우해주지 않고는 국가의 장래를 보장하기 어렵다.

교원인 우리가 하고 있는 일에 대한 올바른 평가와 대우를 끌어내기 위해서는 우리가 단결하고 더욱 우리가 하고 있는 일에 대해 열심히 노력하여 전문성을 확보하는 길밖에 다른 방법이 없다고 본다. 우리의 할 일을 열심히 하면서 우리의 요구는 요구대로 지속적으로 해야 한다고 본다. 몇 가지 우리의 할 일을 생각해 본다.

무슨 일을 하든지 올바른 철학적 방향감이 있어야 한다. 철학은 행동의 방향을 제시해주고 행동의 중심을 잡아주기 때문에 중요하다(고속버스 손님 이야기, 바이런의 시 이야기). 또 인간을 어떻게 보느냐하는 인간관과 학생관이 바르게 정립되어 있어야 한다. 학생들에게 인간의 존엄성을 가르치기 위해서는 교사가 먼저 학생들을 존엄한 존재로 대할 수 있어야 한다(생명을 중시하는 교육).

올바른 교사가 되기 위해서는 기본적으로 첫째는, 인간을 사랑할 줄 알아야 한다. 인간을 가르치는 사람이 인간을 사랑하지 않고 사람을 싫어해서는 근본적으로 교사가 되기 어렵다. 학생을 인격체로 존중하는 동시에 개성·인성을 존중해야 한다. 그래야 창의성 교육도 가능해진다.

둘째는, 교원은 가르치는 일을 사랑해야 할 것이다. 가르치는 일이 재미없어 가지고는 훌륭한 교사가 되기 어려울 뿐만 아니라 인생 자체를 재미없게 살게 된다. 가르치는 방법도 점점 고도화되고 있다. 이 고도화 대열에서 뒤쳐져서는 안 된다. 가르치고자 하는 강한 욕구를 가져야 한다.

셋째는 교직을 사랑하고 진리를 추구하는 데 재미를 느껴야 한다. 특히 가르치는 교과목을 좋아해야 할 것이다. 끝없는 지적 호기심과 탐구정신이 있어야 한다. 연구하는 교사, 준비하는 교사가 되어야 교직이 재미도 있고 학생에게도 도움이 된다.

이제는 입으로만 교육하는 것이 아니라 온몸으로 하는 교육을 해야 할 때이다. "삶과 앎"이 일치하는 교육을 해야 한다. 민주주의도 입으로 하는 민주주의가 아니라 행동으로, 실천으로 민주주의를 해야 할 때이다. 학생 보고 공부해라 하기 전에 내가 먼저 공부하는 모습을 보여주어야 한다. 입으로만 할 때에는 겉도는 교육이 되고 만다. 아버지가 버린 담배꽁초를 자식이 줍고 다니는 식의 교육이 더 이상 반복되어서는 안 되겠다.

교직이 전문직이어야 한다는 데에는 이의가 있을 수 없다. 그러나 교직이 현재 의사, 변호사, 성직자, 교수와 같은 완전한 전문직이냐에는 논란의 여지가 있다. 우리가 완전한 전문직으로 인정받을 때 누구도 도전하거나 침범할 수 없는 권위와 자율을 누릴 수 있을 것이다. 이를 위해서는 그들 이상으로 피나는 노력을 해야 한다.

자기가 하고 있는 일에 대하여는 세계 제일인자가 된다는 신념으로 노력해야 한다(세계 제일 가는 교사). 그리고 내가 맡은 실무면에서는 누구와도 비교할 수 없는 존재가 되어야 한다. 이론을 학자에게 맡긴다면 가르치는 실제는 교사에게 맡긴다는 분위기가 형성되어야 한다.

세상에 사람이 많은 것같이 보이지만 실제 꼭 필요한 사람을 찾으면 별로 없다고 한다. 우리가 하고 있는 일에 10년만 집중 투자하면 웬만한 부분은 통달할 수 있다(해인사 노스님, 10년 후의 얼굴). 먼눈으로 보고 부단한 노력을 하면 반드시 그 열매가 열릴 것으로 믿는다(무쇠를 갈아 만들겠다는 신념).

우리는 능력을 발휘하고 그 능력을 인정받을 때 행복하다. 보통 인간은 자기가 가지고 있는 능력의 겨우 15~20퍼센트밖에 발휘하지 못하고 흙으로 변한다고 한다. 나머지 능력을 언제 발휘하려고 묻어두고 젊은 날을 불평불만 속에서 하루하루를 보내려 하는가? 우리는 "포도주 반병"에도 행복할 수 있다. 우리가 행복해야 학생들도 행복해질 수 있다. 멋있는 수업을 한 시간 하기가 어렵다(good-bye lecture).

이를 위해서 미국에서는 동료교사들끼리 서로 코치하는 일이 번져 나가고 있다(동료코치). 전문가들은 동료들까지 전문성 확립을 위해서 협동한다. 또 교사들이 갖춰야 할 능력을 정해 놓고(예를 들면 2,700개 항목) 이들 하나하나를 체크하고 확인하여 교사자격증을 주고 있다(능력중심 교사교육, CBTE). 또 한편에서는 마이크로티칭이라고 하여 소규모 수업을 녹화하여 계속 반복하여 되돌려 보면서 교수기술 개선에 노력하고 있다. 가르치는 데 싫증을 느끼지 않고 평생을 바쳐 배우는 데 권태를 느끼지 않아야 남으로부터 존경받는 교사가 된다. 우리는 존경이라는 이슬을 먹고 산다.

전문직은 자율과 책임이 동시에 요구된다. 완전 전문직이 되기 위해 최선의 노력을 해야 한다. 창의적인 교사가 창의적인 학생을 길러낸다. 수업에 승부를 걸고 훌륭한 교육과정 운영자가 되기 위해서는 교사가 연구자가 되어야 한다. 우리는 변화와 개혁의 시대에 살고 있다. 이 변화의 흐름을 잘 타는 사람은 살아남을 수 있고 그렇지 못한 사람은 생존에 위협을 느끼게 된다. 국가가 망하는 일도 기업이 망하는 일도 금방이다. 이제 학교가 망하는 일도 생긴다. 학부모의 학교 선택권이 보장되면 분명 망하는 학교가 생긴다. 망하는 학교의 교사는 비참하게 된다. 학생이 없어서 망하는 학교의 교사를 데려다 쓸 사람은 없다.

지금까지는 잘하는 사람이나 못하는 사람이나 같이 묻어갔으나 이제는 능력 본위, 자유 경쟁의 시대로 넘어가게 된다. 능력 있는 잘하는 사람은 그만한 대가와 보상을 받고 그렇지 못한 사람은 직장을 떠나야 한다.

우리들 자신이 생존을 위한 발버둥을 치지 않을 수 없다. 우리 자신이 살아남기 위한 생존 교육을 해야 한다. 또 우리가 가르친 제자들, 학생들이 냉혹한 국제경쟁의 무대에 나가서 이겨야 하고 살아남아야 한다. 살아남고 이기는 제자를 길러내는 생존교육을 하지 않을 수 없다.

우리 민족이 19세기에서 20세기로 넘어가는 전환기에서 일본에게 뒤처지기 시작했다. 뒤처진 것을 다행히 1960~1980년대에 단축하여 이 정도의 국가수준을 이루고 있는데, 이제 우리는 20세기에서 21세기로 넘어가는 전환기에 비장한 각오를 하지 않으면 안 된다. 21세기는 지난 세기와 판이하게 다를 것으로 예측되고 있다. 새로운 세기에 선진대열에 낄 수 있도록 준비교육을 하지 않으면 안 된다. 세계적인 제자를 길러내기 위해 세계적인 교사가 되어야 한다.

우리는 학생들에게 올바른 자아개념을 심어주어야 하는데 이를 위해서는 우리가 먼저 자기 자신에 대한 올바른 자아개념과 교직에 대한 긍지를 가져야겠다. 나를 올바로 보고, 할 수 있다는 긍정적 자아개념과 우리가 하는 일에 대한 자부심을 갖고 학생들 앞에 떳떳하게 설 때 학생들을 제대로 가르칠 수 있다. 헨리 칼슨과 쥐 이야기, 비둘기와 소년 이야기, 오크학교 이야기, 버나드 쇼의 꽃 피는 소녀 이야기, 토정비결, 사주팔자 이야기는 모두 자성예언과 성취동기와 관련된 좋은 이야기들이다.

남이 나를 어떻게 보느냐도 중요하지만 내가 나를 어떻게 보느냐는 더 중요하다. 천하를 얻고도 '나'를 잃으면 모든 것이 허사이다. 가장 가까운 나를 찾고 나를 사랑하고, 나를 먼저 귀중하게 여겨야 한다. 그러면 그때부터 학생들을 보는 눈이 달라지고, 대하는 태도가 달라질 것이다.

우리 교원은 가진 것이 없다. 가진 것이 있다면 나보다 훌륭한 제자를 길러내는 일이다. 나보다 훌륭한 제자를 길러낸 스승은 교사로서 또 인간으로 성공적인 삶을 산 사람이다. 소크라테스-플라톤-아리스토텔레스의 만남은 멋있는 만남이다. 발전하는 자는 떠난다. 스승의 젖을, 스승이 파놓은 우물물을 흠뻑 마시고는 어디론가 떠나서 스승과 쌍벽을 이루는 또 하나의 대가가 되는 것이다. 경허와 만공의 만남도 멋있는 만남이다. 스승을 위해서 기꺼이 죽겠다고 하고 또 제자를 잡아먹을 수 있는 사제관계라고 한다.

제자 없는 스승은 실패자다. 제자를 얻으려거든 제자를 두려워할 줄 알아야 한다. 그러한 스승의 인품이라는 향내를 맡고 벌과 나비라는 제자들이 몰려드는 것이다. 그러한 스승에게 제자들이 매달린다. 신은 나에게 무슨 힘을 주셨기에 제자들을 나의 팔에 매달리게 하는가?

교직은 국가를 지키는 최후의 보루이다. 교사를 믿지 못하면 국민은 더 이상 희망을 가질 수 없다. 우리는 이 최후의 요새를 굳건히 지킨다는 믿음을 가져야겠다.

우리도 언젠가는 늙음이 찾아와 황혼을 맞게 될 것이다. 그때를 우리는 어떻게 맞이할 것인가? 하늘을 우러러 한 점 부끄러움 없이 스승의 길을 걸었다고 자부할 수 있어야 할 것이다. 관 뚜껑을 덮었을 때 올바른 평가를 받을 수 있게 될 것이다. 이것이 행복한 "교직자의 생애"가 될 것으로 믿는다.

3

분리와 경쟁보다는 통합과 협동을 위한 교육

우리가 허겁지겁 막 산업사회에 접근하려 하자 선진국은 이미 지식정보사회로 달아나고 있다. 최근에 구조조정으로 온 나라가 들끓고 있는데 구조조정에서 가장 중요한 것은 산업사회구조를 지식정보사회구조로 개혁하는 일이라고 본다. 그래서 필자는 '구조조정'이란 용어보다는 산업사회구조로부터 지식정보사회구조로의 '구조개혁'이란 말을 더 선호한다. 또 하나의 중요한 구조개혁은 모든 것이 국내구조로 되어 있는 것을 국제구조로 개혁하는 일이라고 본다. 우리는 이 두 구조개혁에 실패하고 있기 때문에 지금 시련을 겪고 있는 것이다.

산업사회는 우선 능률과 대량생산을 위해서 분리와 분업을 특징으로 했었다. 그래서 옆에서 하는 일을 서로 모르게 되고 또 알 필요도 없었다. 공장에서 물건을 만드는 데도 분업과 부품조립생산을 하게 되고 사람의 병을 고치는 병원 서비스까지도 고도의 분업화, 전문화, 특수화에 의한 조립식이었다. 관료제의 구조도 결국 산업사회의 사상에 의하여 만들어진 것으로 역시 분업에 의한 특수화를 생명으로 한다.

둥글게 하나의 공처럼 생긴 지구 땅덩어리도 지나간 세기 산업사회에서는 이념으로 나누고, 국경으로 나누고, 이리 쪼개고 저리 쪼개어 경쟁을 하고, 쪼개진 관할권 범위 내에서 제 맘대로 자원을 고갈시키고 자연을 파괴시키다 보니 공해를 일으키고 지구가 파헤쳐져 인류가 더불어 잘 살아가는 데 실패하고 있는 것이다. 일찍 산업화를 가속화시킨 선진국일수록 경쟁적으로 인류를 살기 나쁘게 만들어 놓고는 이제 후진국들이 산업화시키려니까 우루과이라운드니, 블루라운드니, 그린라운드니, WTO니 하면서 제재를 가하고 강대국들이 횡포를 부리거나 후진국들을 달래기도 하는 것이다.

현대 학교도 근본적으로는 산업사회의 사상에 의하여 공장모델로 만들어진 것이다. 학생들의 필요에 의해서라기보다는 어른들의 필요에 의해서 나누기와 분업을 하고 칸막이와 계단으로 학생들을 묶어 놓고 장애물로 둘러 쳐놓고는 그래야만 잘 가르칠 수 있다고 믿었었다. 유치원, 초등, 중학, 고등학교, 대학으로 나누고, 학년, 학기, 학급으로 나누고, 또 지식이란 걸 난도질하여 교과목으로 나누고 단원, 과로 쪼개어 지식의 파편조각들을 가르쳐야만 능률과 효율, 효과적이라고 생각했었다. 이렇게 인간과 지식을 조각내어 조립식으로 가르쳐 놓고, 또는 경쟁시켜 놓고 학생들보고 지식의 부품조각들을 주워 모으고 조립하여 전인(全人)이 되라고 했으니 학생들이 무슨 재주로 전인이 될 수 있을 것인가?

후기산업사회, 탈산업사회, 지식정보사회에서는 이런 분리와 분업, 경쟁에 의한 효율과 대량생산만으로는 성공적인 삶을 살 수 없게 된다. 분리와 분업보다는 교환과 → 협동 → 조정과 연결을 넘어 → 통합으로 가야 한다. 이제는 칸막이와 분리·고립이 아니라 서로 협동하고 조정하고 연결시켜 다리를 놓고 결합시켜 마침내는 통합의 단계로 넘어가야 한다.

공장에서도 부품조립의 단계를 넘어 '통짜'를 만들어내고 있으며 기계화의 단계를 넘어 수제품을 더 그리워하게 된다. 소품종 대량생산이 아니라 다품종 소량생산의 시대라는 말을 우리는 이미 많이 들었다. 양의 시대가 가고 질의 시대가 온 것이다.

국제사회에서도 지구를 동서나 남북의 이념으로 쪼개어 가질 생각을 하지 말고 이제는 조화와 통합으로 더불어 살 생각을 하게 해야한다. 학교교육에서도 분리와 분업, 경쟁의 단계를 넘어 협동과 통합을 지향해야 한다. 학교도 유치원, 초등, 중학, 고등학교로 세분하지말고 보통 교육이란 하나의 학교로 통합하고 그 안에서 작은 학교로 엉성하게 나누어 학생들이 그 안에서 자유스럽게 이동할 수 있게 하는 방안도 있다. 이것이 '학교 안의 학교(Schools within school)'의 개념이다. 교과목도 너무 세분하여 가르치지 않고 가능한 한 통합하여 가르치려고 한다. 이것이 통합교육과정의 방향이다. 다양한 연령층(multiaged)을 한 반에서 가르치고, 심지어는 장애인까지도 정상아와 함께 가르치려는 것이 무학년제, 열린 교육, 통합교육(mainstreaming)의 방향이다. 사회과와 과학과에서 통합적으로 가르치려고 하고, 교사도 복수전공을 하여 가능한 한 여러 가지를 가르칠 수 있도록 하려 한다. 한 학생을 같은 교사가 계속해서 몇 년 가르치게 하려는 것도 지나친 분업주의에 대한 반작용으로 나타난 것이다. 학생들도 경쟁보다는 팀으로 협동학습을 하게 하고, 교사도 팀으로 팀티칭하고, 행정가들도 팀으로 팀 행정을 하려는 경향이다.

어떻게 보면 옛날 서당식 학교의 방향으로 가야할지 모른다. 다양한 학생이 서로 어울려서 배우면서도 개별화되고, 교사도 한 교과목이 아니라 인간교육이라는 통합과목을 가르쳐도 보통교육수준에서는 어느 정도 가능할 것으로 본다.

지금까지 한국교육은 지나치게 세분화되고 분업주의에 치우쳤었다. 심지어는 윤리도덕까지도 교과로 떼어서 지식을 가르치고 지필시험으로 평가했고 또 그것이 옳다고 믿었었다. 그리고 지나치게 학생들을 경쟁으로 몰아붙였던 것도 모자라 이제는 교육개혁이란 이름으로 교사경쟁, 학교경쟁, 교육청경쟁으로 몰고 가려는 교육계의 늦바람은 지식 정보사회의 가치에는 역행하는 것이다.

한국 교원은 이제 산업사회의 분리, 분업, 경쟁, 효율지상주의, 양의 구조로부터 벗어나 지식정보사회의 통합과 협동, 질의 구조로 하루빨리 구조개혁을 해야 한다.

(한국교육학회 대전·충남지회소식, 제17호, 98. 9. 30).

4

용기 있는 교육

최근 재외국민 부정 특례입학에 의한 대입부정 뉴스가 시간마다 나오고 있고, 이를 매스컴마다 다루고 있다(개정판 교정을 보는 이 순간에도 한 외국어 고등학교 입시부정에 이어 국악고등학교 입시부정 뉴스가 계속되고 있다).

공정하고 엄정해야 할 학생선발이 부정이 난무하게 허술하다는 데 전 국민과 학부모, 어린 학생들이 경악을 금치 못하고 있으며, 또 실망과 분노까지 일으키게 한다.

뉴스와 수사의 초점은 첫째 입학부정과 서류위조 브로커에게 있는 것 같다. 이런 브로커를 전원 색출하여 악의 근원을 도려내야 하는 것은 너무나 당연하다.

둘째, 우리를 더 분노하게 만드는 것은 부정입학을 저지른 학부모가 우리사회의 지도층과 부유층, 가진 자와 유식한 사람들이라는 점이다. 정의와 정직의 모범이 되어야 할 우리사회의 지도층을 이루는 사람들이 악과 부정의 본보기라는 점에 국민과 어린 학생들을 더욱 울분하게 만든다. 아마도 이들 지도층 학부모들 자신이 부정한 방법으로 또는 너무 쉬운 방법으로 지도층과 부유층이 되었기 때문에 아마 자기 자식들까지 부정을 가르쳐 부정한 방법으로 일류대학을 거쳐 또다시 지도층을 만들려는 점이 큰 문제이다.

옛날의 도둑놈들은 할 수 없이 자기들은 도둑질을 하지만 자기자식들 보고는 도둑질을 하지 말라고 했는데 오늘날 우리나라의 지도층 학부모라는 사람들은 자기자식까지 도둑놈을 만들어 조상 대대로 도둑질해서 지도층을 대물림하려 했다는 점에서 우리나라의 앞날이 암담하다. 그리고 일부 국민들 중에는 부정한 이들 집안을 부러워하고 있다는 데 더 큰 문제가 있다. 부정으로 일류대학 못 간 것을 아쉬워하기까지 한다는 것이다.

셋째, 학생선발을 관리하고 있는 대학당국이 오랫동안 부정을 막아내지 못하고 이렇게 중요한 입학관리를 엄정하게 하지 못했다는 데 문제가 있어 비난받아 마땅하다. 서류 하나 제대로 확인하지 못하고 입학 후에라도 조회할 생각조차 안 했다는 허술한 관리에 대학은 당연히 책임을 져야 한다. 부정과 악의 독버섯이 발을 붙이고 뿌리박을 여지를 만들어 준 대학은 국민과 어린 학생들에게 사과하고 용서를 빌고 이들을 앞으로 믿을 수 있게 미래를 보장해줘야 한다.

넷째, 악의 독버섯이 퍼져 나갈 수 있게 획일적인 입시제도를 만들어 놓고도 엄정하고 정확하게 관리하지 못한 교육부는 국민의 비난을 받아 마땅하다. 왜 '재외국민 특례입학' 같은 제도를 전국 획일로 법제화 시켜놓고도 이 법을 제대로 지키고 관리도 못하는데 학생선발 시험도 못 치르게 법으로 막아 놓고도 사고가 터지니까 재외국민 특례입학 시는 지필고사를 치르게 한다고 교육부 관리가 초법적 조치를 발표하는 것은 무슨 횡포인가, 교육부 관리는 초법적 존재인가?

다섯째, 우리를 가장 실망시키는 것은 부정으로 일류대학에 입학한 부정학생 자신들이다. 분명히 외국에서 12년간 학교에 다니지 않았다는 것은 학생 자신이 가장 잘 알 텐데 거짓으로 일류대학을 갔다는 사실이 우리나라 앞날을 더욱 어둡게 한다. 선생님이 가르친 대로 "아버지, 어머니, 저 거짓하면서는 일류대학 안 가겠습니다" 하고 부정을 뿌리칠 수 있는 용기 있는 학생들이었어야 한다.

학생들은 학교에서 정직을 배우지 않았던가? 나는 부모가 거짓을 저지르는 것보다 어린 학생들이 거짓을 저질렀다는 사실을 더 걱정한다.

거짓된 행동으로 남보다 앞서고, 출세하고 일류대학을 거쳐 지도자가 되려고 했던 학생들에게 전율을 느끼고 허탈감을 느낀다.

내가 30년 이상 교육자로 학생들에게 가르친 것이 일순간 통째로 다 무너지는 것 같은 허무감에 살맛까지 가신다. 정직을 지키려는 용기 있는 학생과 제자가 그립다. 하긴 이런 용기 있는 학생들이 있긴 있었을 텐데 그들은 부정을 안 저질러 매스컴에 떠오르지 않았을 것이라고 위로 삼아야 한다.

여섯째, 용기 있는 정직한 학생을 기르기 위해서는 용기 있는 교사가 필요하다. 학부모나 학생의 부당한 요구를 뿌리칠 수 있는 용기 있는 교사가 점점 줄어들고 있다. 제자를 일류대학에 넣기 위해 물불 가리지 않고 학부모에 덩달아 춤추는 교사는 용기 있는 교육을 할 수 없다. 교육이 썩으면 그 나라의 운명은 끝장이다. 국가의 운명을 지키는 용기 있는 학생과 교사가 그립다.

(한국교육신문, 2001. 1. 15).

5

민주 법치국가에서의 인권과 교권

오래 전 우리나라에 자동차가 갑자기 거리에 쏟아져 나오기 시작하자 여기저기서 자동차끼리 부딪치고 목청을 높이며 거리에서 싸우는 모습을 많이 볼 수 있었다. 그때 초반에 기세를 잡으려면 무조건 목청을 높이고 큰 소리로 위협을 줘야 이긴단다. 그러나 싸움이 길어지면 주먹 센 사람이 이기는 것같이 보인다. 무법천지에서는 목소리 큰 사람, 주먹 센 사람이 이기지만 질서 있는 사회에서는 모두 법에 의하여 최종판단이 내려진다.

우리나라는 분명 민주 법치국가이다. 그런데 이게 웬 일인가? 법치국가에서 법이 무시되고 교사의 인권과 교권이 짓밟히고 있으니 말이다. 소위 '촌지교사'라고 이름 붙여진 약하디 약한 한 교사가 있었다. 이 약한 교사는 언론에 매도되어 해직되었다가 재심청구라는 법에 호소하여 복직되었다. 복직되자 무슨 단체인가에서 목청을 높이고 떠들어 대자 약한 이 여교사는 압력에 못 이기고 사표를 내고 말았다. 이래도 되는 것인가? 민주주의 법치국가에서 학생을 가르치는 교사가 법에 의하지 않고 이렇게 몇 사람이 떠들어댄다고 그 입

김에 힘없이 날아가도 되는 것인가?

그 다음에 또 다른 촌지교사도 3개월 정직인가 받았다가 언론에 오르내리게 되자 힘없이 사표를 내고 말았다. 대한민국의 교사들은 이렇게 힘없이 교직에서 쫓겨나도 괜찮은 것인가? 이래 가지고는 교사가 국민교육을 담당하기는 어렵다.

촌지교사를 두둔하자는 게 아니다. 아무리 미운 교사가 있다 하더라도 법에 의하여 보호도 받고 또 벌 받을 일이 있으면 법에 의하여 벌도 받아야 한다.

우선 이 두 촌지교사는 법에 의하지 않고는 자신들이 끝가지 사표를 내지 말았어야 한다. 자기 자신은 사표를 내고 교직을 떠나고 싶더라도 다른 많은 우리 동료교사들이 교권을 지키기 위하여 끝까지 사표를 내지 말고 버텼어야 한다. 대한민국 교사는 법에 의하지 않고는 그렇게 쉽게 쫓겨나는 게 아니라는 것을 보여줬어야 한다. 이제 두 교사가 쫓겨났으니 앞으로 비슷한 일이 생기면 다른 교사들도 또 똑같은 신세가 될 가능성이 높아졌다. 우리도 그런 신세가 되지 않으리라는 보장이 없다.

힘없이 사표를 낸 교사들 학교의 교장과 교육감은 일단 외압을 막아내고 약한 교사를 끝까지 보호했어야 한다. 이제 교사에게 이런 일이 생길 때 교사는 누구를 믿고 따라야 할 것인가? 교사들이 안심하고 근무할 수 없게 된다.

수십만 회원을 자랑하는 교원단체는 이런 때 무얼 하고 있었나? 우리의 교사 회원이 회비를 낼 때만 회원이고 외압에 의하여 사표를 내게 될 때는 회원이 아니란 말인가? 촌지교사는 촌지 받은 것만큼만 처벌을 받아야 한다. 그 이상 벌을 받아도 안 되고 일벌백계 식으로 다른 사람을 위해서 미리 앞당겨서 다른 사람 몫의 벌을 받아도 안 된다. 교원단체는 다른 수많은 회원들의 교권을 위해서라도 일단 촌지교사를 보호했어야 한다. 지금 교사들의 사기는 밑바닥을 기고 있으며 변호사, 판·검사, 정치인들과의 불공정한 법적용으로 아이들을 가르칠 의욕까지 잃고 있다. 교원단체는 누구를 위해서 존재하는 것인가?

촌지문제는 근본적으로 사라지면 좋다. 그리고 촌지교사 문제가 생기면 처벌하라. 그러나 반드시 법절차에 의하여 잘못한 만큼만 법에 의하여 처벌하라. 그리고 촌지교사를 적발하려면 비밀경찰을 풀든지, 암행감사반을 동원하든지, 검찰을 동원해서 하든지 마음대로 하되 반드시 법에 의해서 조용히 하라. 제발 관계기관은 편하게 가만히 앉아서 고발신고 전화나 받아 가지고 하려 하지 말아 달라. 촌지교사 고발 접수처나 만들어 놓고 제발 요란스럽게 떠들어대지 말아 달라.

자기 제자보고, 학부모보고 자기들 교사를 고발하라고 하는 나라가 대한민국 말고 이 지구상에 또 어디 있단 말인가? 이제 한국의 교사는 이렇게 불신을 받아 가지고는 더 이상 제자를 가르치기 어렵게 되어 있다.

교원 기죽이기, 사기 죽이기가 교육개혁이고 그게 수요자중심 교육인가? 교원의 힘을 빌리지 않고 교육개혁 하고, 수요자 중심교육 잘할 것 같은가? 언제부터 대한민국의 학부모들이 교육평가 전문가가 되었는가? 학부모의 교장평가가 얼마나 정확한 것인가? 교육 관료들이 제 할 일을 안 하고 엉뚱한 일만 저지르고 있다는 것을 깨우쳐줘야 한다.

이렇게 혼란스러울 때 교원들이 단결하지 않으면 힘없이 날아가게 되고, 교원이 힘이 없으면 국민교육을 포기하게 된다. 교권을 지기키 위해서도 단결하고, 또 아이들을 잘 가르치기 위해서도 단결해야 한다.

새로 차려 놓은 무대에서 또 설치고 날뛰는 미치광이 얼치기 배우들의 장난을 한참 동안 지켜보게 되었다. 세상은 참 재미있다.

(대전교원단체연합회보, 1998. 5)

6

흔들리는 교원양성체제

짧은 시간 내에 선진국의 산업화를 따라잡기 위해서도 교육이 중요했었지만 지식정보사회를 위해서는 교육이 더 중요시 된다. 지식정보는 교육에서 만들어 내는 것이지 연기 나는 공장에서 만들어 낼 수 있는 것이 아니기 때문이다. 그래서 교육은 21세기, 새로운 밀레니엄시대에 국가정책의 최우선 순위를 차지한다.

교육의 질은 전적으로 교사의 손에 달려 있다. 교육의 질 향상에 용량 높은 컴퓨터나 최신식 멀티미디어 시설보다 더 중요한 요소는 바로 교사이다. 그래서 교육의 질을 높이려는 나라에서는 교사의 질과 전문성 향상, 교사 인력자원 개발에 투자를 늘리는 것이다.

그런데 우리나라 교원정책은 계속 뒷걸음질만 쳐왔다. 오히려 일제시대 정부수립 후 초기에 교원 우대책을 써 우수인력이 교직으로 유인될 수 있었다. 심지어는 6·25 전쟁 통에도 군 면제를 해 주거나 단기복무를 시키면서 우수인력을 교직에 확보하려 했었다. 사범학교나 사범대에 들어가기도 힘들었다. 산업화로 경기가 한참 좋을 때는 교직의 우수인력들이 산업계로 빠져나가기도 했었다. 지금도 우리나라에서 우수인력은 교직을 외면하고 있다.

엎친 데 덮친 격으로 임용고시정책에 따라 시험 잘 보는 사람이 잘 가르치는 사람, 우수교사인 것처럼 착각하게 되었다. 거기다 정년단축, 명예퇴직 부채질로 옛날의 실력자, 경력교사, 우수교사를 다 쫓아내고 이제 우수교사는 고사하고 무능교사라도 숫자조차 채우지 못하고 있다. 졸렬한 교원정책 탓이다. 임용고시 응시자가 구름 떼처럼 몰려들어도 그중에 우수교사는 몇 명 추려내기도 어렵다는 것을 알아야 한다. 갈 데 없어서 교직으로 모여드는 사람들 속에서 교사 자질이 없는 속에서 우수교사를 찾을 수 있겠는가? 모래밭에서 보석 찾기다.

졸렬한 교원정책은 여기서 멈추지 않는다. "우수한 인력이 교직에 유입될 수 있도록 현재와 같이 지나치게 폐쇄적인 교원자격증 취득제도를 전면 개편하는 방안을 검토"한다면서 일반대, 비사범계 졸업자로 하여금 교육대학원을 수료하게 하여 교사자격증을 주는 제도를 확대할 것으로 전망된다는 것이다. 교직에 뜻이 없어 일반대, 비사범계 대학에 갔던 사람이 교육대학원 나온다고 우수교사가 될 것이라 믿을 수 있나? 그렇게 사범대가 많고 교직과정이 많은데도 실력이 모자라 이 속에 끼지도 못했던 일반대, 비사범계 학생이 교육대학원에서 우수인력으로 갑자기 둔갑할 수 있겠는가? 취직 안 되고 갈데 없어 교사자격증 따기 위해 마지못해 교육대학원에 온 사람을 대상으로는 강의할 의욕조차 사라지던 실제 경험을 나는 갖고 있다. 일반대 졸업 후에 취직 못해서 마지못해 교육대학원에 오는 패배자가 교직에서 성공한다는 보장은 없다. 교사는 실력도 중요하지만 교사가 되겠다는 동기와 사명감이 더 중요하다.

우수교원을 억지로 쫓아내고 나서 당장 급한 수급 불균형을 메우기 위해 임용고시를 더 치르고 중등교사 자격증 소지자를 초등에서 소화시킨다면서 초·중등 각각의 전문성을 무시하고 또 교대 정원을 늘린다는 것이다. 왜 이렇게 뒤죽박죽 허둥대는 교원정책을 써야 하는가? 일반대 출신에게 교사자격 취득을 개방하는 쪽으로 개방정책을 쓰려 하면서 사대졸업생을 줄여나간다는 것은 또 무슨 논리인가? 교육대학원을 연수기관이 아닌 양성기관화하기 위해서는 또다시 엄청난 투자를 해야 한다. 사대를 줄이고 교육대학원을 양성체제로 바꾸려면 교육대학원생이 사대출신보다 더 우수인력이라는 확증과 교육대학원 교육이 사대교육보다 우수하다는 보장이 있어야 한다.

한 나라의 교원정책이 방향감 없이 흔들리고 있다. 세상의 모든 교사를 촌지교사, 체벌교사로 죄인 취급해 놓고 또 전문직에서 존중되어야 할 경력교사, 원로교사를 무능교사, 늙은 교사로 매도해 궁지로 몰아넣어 교원의 사기와 의욕, 사명감을 짓밟아 놓고 이제 "우수인력 교직 유입"한다니 그게 가능하겠는가? 또 하나의 저질화, 퇴보화 정책이 되지 않는다는 보장이 없다.

진정 우수인력 교직 유입을 원한다면 교원우대정책을 먼저 쓰고 교원존중 풍토와 문화를 형성하기 위한 노력을 먼저 하라. 교원과 교직이 우대받고 존중받는 냄새만 풍겨도 우수인력은 저절로 꼬여들게 마련이다. 교원을 우습게보고 교원 기죽이기를 한 후에 우수인력 꼬이기를 한다면 이는 선후가 뒤바뀐 것이다. 교원자격제도 흔들기보다 먼저 교원사기 복원에 한 세기는 투자해야 할 것이다.

(한국교육신문. 1999. 3. 15. 교육시론)

7

교원평가의 교육적 논리

1) 교육평가의 오·남용에 의한 개악

성급하게 교육개혁의 성과를 얻기 위하여 교육평가를 오용하고 남용하는 것 같아 심히 걱정된다. 강제-권력적 전략으로 교육개혁을 조급하게 추진하려다 보니 강제적 수단으로 평가라는 이름을 악용 동원하는 것 같다. 거기에다 차등지원과 성과급이라는 치사한 돈을 결부시키더니 이제는 무능교원 퇴출 수단으로 교원평가 문제를 들고 나오는 것 같다. 순수해야 할 교육평가가 무엇을 위한 수단으로 쓰이거나 교육평가 본래의 목적에서 벗어난 불순한 목적으로 쓰일 때 그 오·남용으로 인한 부작용의 폐해는 실로 엄청날 것이며, 결국 그 폐해는 요즈음 크게 떠들어대는 교육수요자에게 돌아가고 만다.

평가라는 이름 자체도 너무 오·남용되고 있다. 자문 회사에서 진단하고 자문하는 것도 평가이고, 심사위원이 심사하는 것도 평가로 쓰이고 있다. 하물며 자료를 조사하는 것도 평가로 남용되고 언론기관에서 대학과 학과의 등급을 매기는 평정(rating)도 대학평가로 오용되고 있다. 평가라는 용어가 오·남용되지 않도록 해야 할 것이다.

평가력은 지식 – 이해 – 적용 – 분석 – 종합 – 평가라는 위계에서 최고의 고등 정신 기능에 해당하는 것으로 고도의 전문성이 요구되는 것인데, 너무나 사이비 교육평가 전문가들이 난장판을 이루고 있다. 비전공 교수나 교사가 평가자로 참여하는 것은 말할 것도 없고, 일반직 관료, 기업체 직원이 교육평가자로 둔갑하고 학부모와 어린 학생까지 교육평가 전문가와 동등하게 대우받기도 한다. 이들이 언제 교육평가 전문가로 둔갑했는가? 교육평가 연수 한 시간이라도 받았는가? 교육평가라는 전문 학문 영역은 이렇게 무너져도 되는 것인가? 교육평가를 광신하고 남용하다가 교육평가 전문가 자신들이 필요 없게 되고 설자리를 잃게 되는 우를 범하고 있다.

평가는 계획 – 실천 – 평가라는 일련의 교육(경영)활동 과정의 하나인데 유독 평가만 외부의 강압에 의해서 강제로 이루어지다 보니 모든 것이 비뚤어지고 있다. 지금 교육과 수업(계획과 실천)은 보이지 않고 평가만 판을 치고 있다. 심지어는 교사들이 "수업 때문에 평가 사무가 지장을 받고 있다"고 비아냥대기까지 하고 있는 실정이다. 전국 교육현장에서 교육활동이 왜곡되고 교원들의 불만은 폭발 직전에 있다. 평가 내용도 교육의 본질과 본업을 다루지 못하고 주변과 변두리를 맴돌고 있는 형편이다.

평가의 폐해 때문에 수·우·미·양·가까지 없애는 평가의 철학과 몇 점 차이로 수백억, 수십억이 왔다갔다하는 교육청 평가, 학교 평가의 철학은 한 나라 안에서 서로 거꾸로 가고 있다. 매일 목표에 초과달성하던 북한의 오늘날 현실을 보면 잦은 평가, 강압적 평가, 계량적 평가의 폐해를 짐작할 수 있을 것이다.

학생들이 '시험 없는 하늘나라에서 살고 싶다'는 유서를 남기고 자살하는 것을 보고도 이에 더하여 또다시 이 나라를 평가 위주로 몰고

가면 다음엔 누구를 또 자살로 몰고 가자는 것인가? 평가의 오·남용은 나라를 망치고 교육을 망칠 위험성을 내포하고 있다.

교육청 평가든, 학교 평가든, 학교장 평가든, 교사평가든 이는 모두 교육평가에 해당하는 것이므로 교육적으로 이루어진다는 전제 아래에서만 출발해야 한다. 교육평가의 오·남용으로 교육 개혁 아닌 개악을 이제 그만 해야겠다.

2) 교원평가의 전제조건

먼저 교원평가는 교육학적 순수성이 전제되어야 한다. 평가는 여러 교육활동 중에서도, 교육학의 여러 영역 중에서도 고도의 전문성을 요하는 활동이고 영역이어서 교육적으로 잘하려고 해도 오류를 범하기 쉬운데 이를 정치논리나 경제·경영 논리로 접근한다면 이는 반드시 실패할 수밖에 없다. 교원평가는 IMF 체제와도 무관해야 하고 일시적 교육개혁과도 관련이 없어야 한다.

첫째, 교원평가의 목적과 의도가 교육적으로 타당하다는 전제가 되어야 한다. 교원평가의 목적은 여러 가지가 있을 수 있으나, ① 공적 책무성(public accountability)과, ② 전문직적 발전과 조직적 발전(professional and organizational development), ③ 인사적 결정(personnel decisions) (MacPhail – Wilcox and Forbes, 1990. 7)을 들 수 있다. 첫째 목적은 정치적인 것으로 교육이 공적 신뢰를 얻고 신뢰를 보장하자는 것이고, 둘째는 전문적인 것으로 개개 교원의 발전과 개선에 초점을 맞춘 것이고, 셋째는 관료적·행정적인 것으로 학교 단위의 전반적 효과성을 높이고 업무 수행의 증거를 확보하자는 것이다.

현재 이 시점에서 왜 교원평가가 심각하게 대두되느냐 하는 교원평가의 목적과 의도에 교원들의 의문을 갖고 있다. 현재의 제도를 고치려면 이에 타당한 이유를 먼저 제시했어야 한다. 현재 학교장 근무평정 양식은 공식적으로는 없다. 여기에도 어떤 이유가 있을 것이다. 학교장의 근무평정을 해야 한다면 이에 타당한 이유가 제시되었어야 한다. 이러한 타당한 이유와 설명 없이 무능교원 퇴출이니, 수업 담당 배제니 하는 말을 먼저 흘리고 교원평가를 새로운 것처럼 들고 나오니 교원들은 불안할 수밖에 없다.

교원평가는 무엇보다도 교원의 자질 향상과 업무 수행 개선과 발전에 목적을 두어야 한다. 이는 형성평가적·지도적 성격을 갖는다. 평가결과는 본인에게 피드백되어 잘한 것을 더욱 잘하게 하고 부족한 점은 개선하도록 하려는 것이다. 물론 승진과 포상 등 인사결정을 위한 총괄평가적 성격으로 쓰일 수도 있다. 어쨌든 교원평가를 하는 이유와 의도가 순수하다는 것이 전제되어야 한다.

둘째, 무엇을 평가할 것이냐 하는 평가 내용은 평가의 목적에 따라 달라질 것인데 이는 평가 기준과도 연결되는 것으로 교원평가에 타당한 내용과 기준이 전제되어야 한다. ① 평가대상자의 특성(traits), ② 직무수행과 과정(processes), ③ 직무수행 행동(behaviors), ④ 직무수행의 산출(outcomes) 등을 대개 평가의 내용과 기준으로 삼게 된다. 교사의 직무는 주로 수업이 되어야 할 것이며 교장·교감의 경우는 학교 행정·경영·관리가 되어야 할 것이다.

원칙적으로 평가의 내용과 기준은 교육청마다, 또 해마다 달라져야 한다. 그것은 교육청마다, 해마다 교육목표와 강조점이 달라져야 하기 때문이다. 전국 획일의 고정된 평가 양식을 정해 놓은 것은 평가를 형식적으로 하거나 기본적인 것만 하겠다는 뜻으로 봐야 할 것이다.

평가내용과 기준 결정에 고도의 전문성이 요구되는 만큼 여기에 가장 어려움이 따른다. 잴 것을 재지 못하고 엉뚱한 것은 정확히 재겠다고 믿었다가 아무 죄도 없는 사람에게 사형선고를 내리거나 죄인에게 무죄판결을 내리는 우를 여기서 범하게 된다.

교육의 성과는 금방 나타나지 않기 때문에 교원평가에 어려움이 있다. 시험성적은 낮지만 멀리 보고 인간교육을 하는 교사도 있고, 지식 점수는 낮지만 창의성 점수는 높게 나오는 교사도 있을 수 있다. 방안의 온도를 재려고 30㎝자를 들고 오거나, 책상 길이를 재려고 1㎝ 단위로 눈금이 그어진 줄자를 가지고 와서 정확히 재려한다면 교원평가는 어떻게 되겠는가? 같은 것을 아침에 잰 것과 저녁에 잰 것이 다르고, 기분 좋을 때 잰 것과 화났을 때 잰 것이 다르면 문제가 아닐 수 없다. 부분을 재고 전체로 착각할 수도 있다.

교원평가는 법에 따라 판결을 내리는 판사의 결정보다도 훨씬 더 어렵다. 아마도 생명을 다루는 의사의 결정보다 더 어려울지도 모른다. 다만 교원평가에서는 사람을 죽이거나 살리는 일이 당장 눈에 보이지 않을 뿐이다.

셋째, 평가 전문가가 교원평가에 참여한다는 전제하에 교원평가는 출발해야 한다. 물론 평가자에는 자기 자신, 상·하급자, 동료, 고객, 전문평가자 등이 평가 목적에 따라 다양하게 포함될 수 있어 이론적으로는 학생, 학부모, 학교운영위원 등 비전문가도 교원평가에 대하여 뭔가 할 말이 있을 수 있으나, 이들의 반응은 어디까지나 평가 보충자료로 활용되어야지 평가 자체가 되어서는 안 될 것이다. 교원평가를 위해서 다양한 출처로부터 평가 보충자료를 수집하는 것은 좋으나 비전문가에게 교원평가 자체를 맡기는 것은 아주 위험하다고 본다.

교육상품을 기업체 상품과 똑같이 취급하여 고객에게 결재권을 주자는 발상은 위험하다. 초등학생으로 하여금 담임 바꿔달라고 목청 높이게 만들어 놓은 어설픈 수요자 중심 교육이 다음은 누가 누구를 바꿔달라고 하게 할지 모른다. 교사들이라고 교육 관료를 바꿔달라고 요구하지 않는다고 보장할 수 없다. 자기에게 불리해 보이는 사람은 모두 바꿔달라고 하게 하는 것이 교육고객만족운동은 아닐 것이다. 평가 비전문가를 교원평가에 직접 참여시키려면 평가전문가로 교육시켜서 참여시켜야 할 것이다.

넷째, 교원평가에는 법적 책임과 윤리성 보장이 전제되어야 한다. 교원평가에 대하여 법적으로 책임질 수 있어야 한다. 학부모가 평가에 참여했다면 그 학부모는 교원평가 결과에 대하여 법적으로 책임질 수 있어야 한다. 교육부정책, 교육부 방침과의 일치성, 절차적·본질적 적법성, 적합성, 입증성, 견실성, 직무 관련성, 합리적 관계성 등이 법적 표준으로 삼을 수 있을 것이다. 무책임하게 평가해 놓은 결과에 대하여 누가 책임질 것인가?

평가에는 고도의 윤리성이 요구된다. 사람을 평가하는 일은 더욱 그렇다. 사람을 가르치는 사람을 평가하는 일에 윤리성이 결여된다면 법적 책임 이상의 문제가 된다. 교원평가에 윤리성이 보장되지 않는다면 교원과 교직에서 도덕성과 윤리성을 제외시켜도 우리는 할 말을 잃게 된다.

평가의 의도·기준·방법에 모두 윤리성이 보장되어야 한다. 허위 주장(false pretense), 허위 자료, 개인적·전문가적 편견, 차별(지방, 성, 종교, 연령 등), 허위보고 등은 모두 평가에서 비윤리적 행동이라고 할 수 있다. 비윤리적 행위를 하는 사람들에게 교원평가를 맡길 수는 없다.

다섯째, 평가방법과 기술의 전문성이 보장되어야 하는 것은 이미 조금씩 언급된 바와 같다.

지금까지는 교원평가 자체의 교육적 순수성에 관한 전제 조건에 대하여 언급했는데 이외에 주변적, 환경적 전제조건도 많다. 예를 들면 입시위주의 교육에서 벗어나지 못하면 교원평가는 왜곡되기 쉽거나 무의미하게 된다는 점이다. 근본적으로 우수 교원을 확보하지 못하거나 교원의 사기를 저하시켜 놓고는 아무리 교원평가를 많이 정확하게 해도 아무런 의미가 없다.

교원의 책임이 보장되지 않는 순환근무제, 근무 년 수에 따라 자동승급·승진되다시피 하는 현행 교원 인사제도를 그대로 둔 채 교원평가만으로는 성과를 거두기 어렵다. 무엇보다도 내 자식만 알고, 입시·출세·경쟁만을 생각하는 학부모와 국민의 교육관이 바뀌지 않은 채 교원평가를 제대로 하기는 극히 어렵게 된다. 교원평가는 교원으로 하여금 주도하게 하고 행정직원들은 교원평가보다 고객인 교사와 학생, 학부모를 참여시켜 자체 직원평가를 주도하는 것도 좋을 것이다.

평가 자체 이외에 평가의 주변 환경과 정책, 행정, 제도, 교육관도 같이 변해야 한다는 전제조건이 성립될 때 교원평가도 의미를 가질 수 있다.

3) 지식정보사회에 맞는 평가

이제 우리는 산업사회를 뒤로 하고 지식정보사회를 맞고 있다. 그런데 평가는 아직도 산업사회의 생각과 사상 속에서 발상·추진되고 있으니 교육 망치고, 나라 망치는 일이 될 수밖에 없다.

산업사회는 양이 중요했지만 지식정보사회는 질이 중요하다. 질을 추구하려면 아예 평가를 하지 말라는 것이다. 평가를 하면 질이 떨어진다는 것이다. 그래도 평가를 꼭 해야 한다면 질을 질적으로, 기술적으로 평가해야 할 것이다.

산업사회는 분업과 개인별 경쟁을 중요시했지만 지식정보사회는 종합과 협동을 최고의 가치로 삼게 된다.

'도토리 키 재기' 평가로 얄팍한 경쟁을 시키려하지 말고 결합과 연결, 통합, 조화, 조정, 팀 정신, 협동 정신을 불러 일으켜야 한다. 경쟁을 꼭 시키려거든 좀 크게 보아 국제 경쟁을 시켜야 한다(사실은 이것마저도 삼가야 할 것이지만). 지구도 분할하여 나누어 가질 생각을 하지 말고 하나의 지구관을 갖고 모든 지구인들이 함께 어울려 살 생각을 해야 한다. 물론 인간과 자연과도 어울려 살아야 한다.

평가를 만병통치약으로 오·남용하는 평가광들의 책임을 한국 교육의 역사가 반드시 물을 것이다. 지난 15년 동안 교육개혁이란 이름으로 자행된 낭비와 혼란, 부작용에 대하여도 누군가는 책임을 져야 한다.

IMF 관리체제의 위기를 극복하기 위해서라도 치밀한 계획과 전략 하에 착실하고 실패 없는 교육개혁이 요구된다.

(새교육, 98. 9)

8

교장의 리더십

정부의 고위직에 있는 사람이 "자질과 능력을 갖춘 '일반인'도 학교운영위원 추천 등을 거쳐 교장으로 선발하는 것이 바람직하다"고 했다는 것이다.

가슴이 두근거리고, 손이 떨리고, 몸서리쳐져 도저히 글조차 쓰기 어렵다. 모든 다른 교원들도 모두 이럴 걸 생각하면 어린 학생들과 백성들이 불쌍하기까지 하다. 교육의 자주성, 전문성을 보장하는 헌법을 무시하는 발언이란 걸 모르고 한 소리인지 의심이 간다. 6·25 동란 때 공산당 치하에서 어느 날 갑자기 마을 청년공산당원(일반인)이 교사가 되고, 교장이 되어 우리 앞에 나타났던 어린시절의 장면이 떠올라 치가 떨리고 몸서리가 쳐지기까지 한다.

오, 슬프고도 슬프도다. 우리가 모두 단결하여 IMF를 극복하자고 하는 대한민국이 40대 일반인 교장을 원하는 것은 아닐 텐데.

우선 교장은 '일반인'이 아니라 학생을 가르치는 '선생님'이다. 돌팔이도 아닌 일반인에게 당신의 자녀교육, 이 나라의 국민교육을 맡기겠다는 것인가? 또 교장은 경영인이기 이전에 교육지도자, 수업지도자이다. 올바른 교육의 목표를 설정하고, 이 목표를 달성할 수 있는 학교 교육과정과 교육프로그램을 개발하고 수업의 과정에서 리더십(instructional leadership)을 발휘하는 것이 교장의 가장 중요한 직무이다. 재정·시설경영은 부차적이다.

민주주의 국가에서 주민과 국민은 교육에 관한 권한을 교육위원·교육감에게 위임해주고 교육감은 다시 전문적 자격을 갖춘 교장에게 학생교육을 맡긴 것이다. 학부모가 직접 자녀(학생) 교육권을 개개 교사에게 준 것이 아니다. 그래서 교장의 리더십 없이 교사는 학생을 마음대로 가르칠 수 없게 되어 있다.

교육경영, 수업경영 빼놓고 실지로 학교에서 경영이랄 게 별로 없다. 교육경영을 일반인에게 맡기겠다는 것이 개혁인가, 개악인가. 그리고 또 인사, 재정, 교육과정, 수업방식까지 모두 교육부, 교육청이 갖고 지시, 명령에 의하여 경영하면서 학교에서 무엇을 경영할 게 있다고 일반 '경영인'운운 하는가. 그래서 우리나라의 학교운영위원회는 빈껍데기이다 보니 교사와 교장의 전문영역까지 떼어주고, 침범하게까지 만들어 놓고 있다. 학교운영위원회가 할 일이 생기도록 교육부, 교육청이 갖고 있던 인사·재정권을 학교에 넘겨줘 자율학교 경영체제를 먼저 갖춰줘야 할 것이다.

'21세기 지식정보시대'에 승자가 되기 위해서는 교육의 질, 수업의 질을 세계 최고 수준으로 올려야 하는데 그러기 위해서는 지식경영 전문인 교장이 필요한 것이다.

일반인, 경영인 마인드가 필요한 것이 아니다. 미래사회를 제대로 볼 줄 알아야 한다. 무식한 사람이 무식한 말을 할 때는 겁나는 것이다. 지금이라도 당장 미국의 교장론(principalship)책을 구해서 보라. 미국 교장이 수업에서 손떼고 있는가.

교육개혁, 학교교육 개선에 교장의 리더십은 가장 중요하다. 그래서 종종 교장은 선장, 함장(captain)에 비유되곤 한다. 교장의 힘을 빼놓고 누구의 힘으로 교육개혁을 하려는가? 교장의 힘을 정년으로 자르고, 일반인으로 자르고, 손발 없는 독불장군을 상상해 보라. 몇 년 전 모든 대통령후보들이 교장임기제를 들고 나와 말년에야 교장이 되게 만들어놓고 이제 와서 40대 교장 운운하는 것은 무슨 논리인가? 대통령의 생각과 일치되는 것인가? 40대에 4년 교장임기 끝내고 정년 할 일반인 데려다 교장 시켜서 무슨 경쟁력을 기르겠다는 것인가. 학교에서 교육과 수업을 모르는 일반인 교장에게 경쟁력이 있다는 것은 어느 시대 논리인가. 40대 교장이 필요하다면 지금이라도 40대 전문교장을 양성하면 된다.

교장은 인기투표해서 선출하는 연예인도 아니고, 친목회장도 아니다. 전문교육행정가이어야 한다. 그래서 미국의 교장은 교사경력은 말할 것도 없고 대부분 박사학위까지 갖고 있다. 고도의 전문성이 요구되기 때문이다.

선출이 민주주의의 만병통치약이 아니라는 것은 누구나 잘 안다. 경찰서장도, 사단장도 장관도 모두 인기투표해서 뽑겠다는 논리는 아닐 것이다. 교장은 고도의 전문성이 요구되는 직책이기 때문에 교장으로 끝나야 한다. 원로교사로 가르치는 일을 다시 하게 되면 잘 가르치지도 못하고 국민의 세금만 축내게 된다.

정부는 교직을 노동직으로 몰고 간다는 인상을 준다. 교원노동조합을 합법화시킨다고 했으니 노동직에 해당하는 60세로 교원의 정년을 단축시키고 노동자도 못 되는 일반인을 교장으로 선출한다는 등의 발언만 보면 그런 인상을 받기에 충분하다. 이런 발언들이 정부의 입장이 아니라 그야말로 일반인 개인의 돌출 발언이기를 바란다. 교원에게서 노동자상을 기대해서 어린 학생과 학부모, 국민, 정부에게 이로울 것은 하나도 없다. 교원에게 부족한 점이 있고, 설사 미운 점이 있더라도 보다 높은 전문직 기대를 하고 그들에게서 전문직 윤리를 요구하는 것이 모두에게 유익하다. 교장직의 자질과 능력, 전문성을 높이기 위한 정책을 강구해야지 '일반인'을 앉혀 놓을 얄팍하고 유치한 생각을 해서는 안 된다.

말없는 다수 교원과 국민은, 무엇보다 역사를 두려워할 줄 아는 참모가 필요하다. 대한민국 교육은 5년만 하고 말 게 아니다.

(한국교육신문, 98. 11. 23. 한국교총)

9

장학기능의 본질을 모르는 발상

세계는 냉혹한 교육의 질 경쟁을 벌이고 있다. 질 높은 교육을 국민에게 제공해주는 나라는 지구상에 살아남고 그렇지 못한 나라는 흔적도 없이 사라지게 된다는 것이다. 그래서 제3차 세계대전은 교육전쟁이라고 할 수 있다. 세계교육전쟁에서 살아남기 위해서 지금 대통령은 세계화를 부르짖고 있다.

교육의 질을 향상시켜 교육전쟁에서 승리하기 위해서는 교육의 주요 요소인 ① 교사와 ② 교육내용인 교육과정, ③ 교육 자료와 환경에 변화를 주어 궁극적으로 ④ 학생의 학습 성취에 변화를 주어야 한다. 이러한 변화에서 리더십을 발휘하는 것이 바로 '장학'이다. 그래서 세계 선진 여러 나라는 교육의 질을 향상시키기 위하여 장학을 통해서 교육내용, 방법을 바꾸려는 데 초점을 맞추고 있다.

그런데 '교(敎)'자가 뭔지 '장(獎)'자가 뭔지도 모르는 사람들의 춤장단에 맞춰 교육대통령에게 장학기능을 폐지, 약화, 변질을 보고해놓고 그것이 교육개혁인 양 알고 있으니 나라가 어디로 굴러갈 것인지 위기감을 느낀다. 교육의 본질에 해당되는 장학기능을 강화해야 할 판인데 반대로 없애거나 약화시킨다니 본말이 전도되고 근본적으로 뒤집힌 것이다.

장관은 자신의 손발인 장학기능을 잘라놓고 무슨 힘으로 학생의 창의력을 계발하고 자율화와 다양화를 추진하고, 경로효친, 환경교육을 할 것인가? 장관이 교장과 교사 데리고 직접 이런 교육을 할 수 있을 것인가? 아니면 측근에서 장관을 위해서 충성(?)하고 있는 이사관·부이사관·서기관 일반직을 데리고 이런 교육을 할 것인가? 모순도 이만저만 모순이 아니고 장관이 입을 열 때마다 도대체 아슬아슬해서 두고 볼 수가 없다.

명칭은 다르지만 어느 나라에나 다 장학담당자가 있다. 영국에서는 48개 종합대학을 제외한 다른 모든 대학까지도 칙임시학관(HMI)의 장학을 받고 있는 실정이다. 미국도 Coordinator, Consultant, Specialist, Supervisor 등 다양한 이름으로 교육본질에서도 장학적 리더십을 발휘하고 있다. 일본도 지도주사로 장학적 기능을 하고 있다. 어느 나라나 장학을 통해서 교육개혁을 하는 것이지 행정직을 통해서는 교장을 움직이고 교사를 움직일 수 없다는 것을 잘 알고 있다.

일선 학교를 규제하고 획일화했던 것은 기반이 약한 과거의 정권이 정권유지를 위해서 행정지시를 하고 명령하는 데서 생긴 것이지 장학 본래의 기능에서 생긴 것이 아님을 알아야 한다. 정권차원에서 장학직들을 시켜서 지시하고 명령하고 공문을 내려 보내도록 강요했던 것이다. 그리고 지금도 장학직들이 인원부족으로, 때로는 전문성 부족으로 장학 본래의 업무를 하지 못하고 관리적인 일에 매달리는 것이 장관이나 일반직에게는 장학이 필요 없는 것으로 비쳤을지 모른다. 이 시점에서 장관은 오히려 장학직으로 하여금 장학 본연의 업무에 충실할 수 있는 여건을 만들어 주기 위한 개혁적 조치를 해주어야 한다.

혹시라도 현재 장학직을 차지하고 있는 사람들이 무능한 것으로 비쳤다면 유능한 장학전문가를 발굴하고 양성하는 개혁적 조치를 강구해야 할 것이다. 우리나라에는 더 이상 교육정책관이 필요한 것이 아니다. 장관과 교육감이 바로 교육정책관이다. 집단의 지혜를 모아 장관이나 교육감이 집단결정을 하면 되는 것이다. 그런 굵직굵직한 결정을 하는 것이 정책관이다. 그래서 참모기능인 장학직의 명칭을 달리하여 정책관으로 바꾼다는 것도 잘못된 발상이고 교육자들을 우롱하는 눈가림이다.

교육의 본질에 가장 가까운 교육부의 장학실장이라는 장관의 참모를 잘라놓고 누가 준비한 자료를 가지고 대통령에게 업무보고를 하였을 것인가? 기획관리실장이 장학을 아는가, 교육정책실장이 장학을 아는가? 아니면 차관이 장학을 알 것인가? 장관이 장학에 대한 확고한 철학과 신념이 있을 것인가? 기구축소 등으로 위기감을 느끼는 일반직이란 사람들이 교육에서 중요한 가르치는 일과 관련된 장학을 대신 도려내려고 하는데 여기에 어른까지 놀아나서야 되겠는가.

실수는 누구나 하게 마련이다. 그러나 개혁을 개악하려는 실수는 더 이상 용서받을 수 없다. 그러나 얼버무리려고 할 때는 용서받을 수 없다. 수많은 교육자들의 존경은 고사하고 그 직 자체를 인정받지 못하게 될 것이다. 교육자와 국민을 불안하게 만드는 행정가는 있을 수 없다.

학교장과 교사에게 자율권은 최대한 보장해주어야 한다. 그렇더라도 자율권을 갖고 다양하게 학교와 학급을 운영하도록 도와주고 리더십을 발휘하는 장학적 기능은 여전히 필요하고, 그러기 위해서는 오히려 장학적 기능은 더욱 강화되어야 한다. 교육전쟁은 장관과 일반직의 힘으로 되기보다는 교사와 교장을 포함한 장학지도자의 힘으로 수행되는 것이다. 장학을 통해서 교육전쟁을 승리로 이끌 명장을 기다린다.

(한국교육신문, 1995. 1. 25).

10

기초학력 없인 창의성도 없다

교육이 파괴되어 교실붕괴로 나타나고 있다. 지식정보사회다, 컴퓨터다, 영어다, 열린 교육이다, 교육개혁이다, 요란스럽게 떠들어대는 사이 우리 아이들의 기초학력이 무너지고 있다. 모두가 기초를 무시한 탓이다. 하나뿐인 지구환경은 파괴되고 거리에는 무질서가 난무하고 하나뿐인 목숨마저 위협받아 하루하루 살아가기가 불안의 연속이다. 모두가 기초를 튼튼히 못하고 '빨리 빨리'란 한국병이 계속 발작하기 때문이다. 20세기 산업사회의 구조와 사고를 21세기에 요구되는 지식정보사회의 구조와 사고로 기본 틀을 제대로 바꾸지 못했기 때문이다.

초등학교와 중학교 의무교육의 가장 중요한 목적이자 사명은 대한민국 국민으로서 생활하는 데 꼭 필요한 국민기초교육을 하는 것이다. 그런데 읽기 쓰기 듣기 말하기 등 기초학습 능력이 부족하여 의사소통이 안 되고, 계산하고, 문제해결하고, 인간관계를 맺는데 기초가 안 되어 앞으로 자라서 국민으로서 생활하는 데 불편하게 될 초·중등 학생이 늘어나고 있다. 한쪽에서는 과외다, 학원이다 하여 유치원에서부터 영어와 초등과정을 가르치고 초등학생에게 중학과정을 앞당겨 가르치고, 소위 명문대에 한 명이라도 더 합격시키기 위해 입시에 엄청난 돈을 쏟아붓고 있는데 다른 한쪽에선 앞으로 국민생활이 어렵게 될 정도로 기초학력이 모자라는 학생들과 교육받기를 포기하는 학생도 늘어나고 있다. 거기다 IMF 시련으로 결손·파괴 가정이 늘어나면서 앞으로 기초학력 미달자는 더욱 확대될 것이다. 이에 착안하여 교육인적자원부가 기초학력 책임 확보 방안을 강구한다는 데 우리는 주목하게 된다.

지금 우리 학교는 산업사회 공장 모델에서 벗어나지 못하고 있다. 싸고 거친 대량 생산교육 속에서 기초학력이 모자랄 근본 원인을 갖고 있는 아이들에게 교사의 손길이 일일이 개별적으로 닿지 못하고 있다. 우수 아이나 지진아나 모두 평균 아이에 기준을 맞춰 대충 집단 다량교육을 할 수밖에 없는 실정이다. 공장에서처럼 학교에서도 고도의 분업에 의하여 지식을 파편조각으로 쪼개어 가르치다 보니 전인(全人)으로 조립되기는커녕 기초학력 미달자마저 양산하게 되는 것이다. 기초학력 미달자는 교실붕괴, 사회붕괴의 원인으로 연결될 가능성이 높다는 데 문제의 심각성이 있다. 이렇게 해놓고 범죄와의 전쟁을 선포하면 그 전쟁에 승산이 있겠는가.

지금까지는 그런대로 교사의 헌신에 의하여 이들을 특별지도하여 구제하려 했었으나 우리의 상황은 이것마저 불가능하게 하고 있다. 교원의 사기가 극도로 저하되어 교사의 열성에 호소할 수 없게 된 것이다. 더구나 학부모들이 자기 자녀가 특별 지도·취급받기를 원치 않고 있다는 데 문제가 크다. 앞으로 7차 교육과정에서 수준별 교육 과정을 적용하는 데도 문제가 있을 것이다.

기초학력 미달자에게는 특별지도보다는 정상수업시간에 개별지도를 하는 방법이 최선이다. 그러려면 학급당 학생수를 줄이고 양이 아니라 질의 교육을 해야 하고, 이를 위해 엄청난 교육재정을 투자하지 않으면 안 된다.

기초학력뿐만 아니라 사람 노릇하는 데 필요한 기초는 최소한으로 하되 그 대신 엄격하고 철저해야 한다. 이 기초에 관한 한 유급도 적용해야 한다. 기초가 흔들리는데 우리가 지식정보사회에 대비할 수 있겠는가.

윤리도덕의 기초, 문화예술·체육의 기초, 과학의 기초, 지식정보의 기초, 학문의 기초가 튼튼할 때 우리는 먼 장래의 희망이라도 가질 수 있다. 창의성도 허공에서 떨어지는 것이 아니라 튼튼한 기초에서 나온다. 눈앞에 어른거리는 꽃과 열매, 달러($)에만 집착하지 말고 좀 멀리 보고 뿌리를 튼튼하게 하는 기초를 다져야 한다. 한국은 지금 근본과 기초를 먼저 다져야 할 때이다. 선진국은 모두 기초가 튼튼한 나라들이란 걸 알아야 한다.

(한국일보, 2002. 2. 22).

11

학교문화

제2차 세계대전에서 패한 일본은 자기네 땅에 굴러다니는 질 좋은 미제 지프차를 보고 그렇게 부러울 수가 없었다고 한다. 일본은 언제 저런 지프차를 만들어내나 하고 부러운 눈초리로 바라보며 미제 같은 지프차 만드는 것을 소원으로 삼았다. 당시 미국은 일본 사람들을 '잽(Jap)'이라고 하며 업신여겼다. 마치 일본인들이 우리를 조센징이라고 무시하듯이 말이다.

패전 후 일제는 ① 싸구려(cheap), ② 거친 것(poorly made), ③ 금방 망가지는 것(easily destructable)의 대명사였다. 미국 학자들은 일본 기업계에 친절히 품질관리 운동과 기업문화를 가르쳐 주었다. 일본 각처를 다니며 강연과 세미나를 개최하였다. 그리고 일본인들은 착실히 미국의 지도에 따랐다. 그 결과 오늘날 자동차의 나라 미국에서 크고 안락한 미제 자동차를 누르고 일제 자동차가 판을 치게 되었다. 오일 쇼크 등으로 미국을 비롯하여 세계 경제가 바닥을 기고 있을 때 일본 경제는 계속 상승 무드를 타고 있었던 것이다.

깜짝 놀란 미국 학자들이 일본에 가보니 기업마다 계속적인 품질 개선에 노력을 기울이고 기업마다 독특한 기업문화를 꽃피우고 있더란 것이다. 그래서 이번에는 반대로 일본의 품질 개선운동과 일본의 기업문화를 미국에 역수입해 가서 미국 기업에 이식하려니 먹혀들지 않더라는 것이다. 일본과 미국 사이에 문화가 다르기 때문이다. 미국은 일본에 가르쳐주고 오히려 당하는 신세가 된 것이다. 당시 미국이 잘 가르쳐주기도 했을지 모르지만 일본이 착실히 배우고 자기들에게 잘 적용한 덕분이었을 것이다. 장기를 가르쳐주고, 씨름을 가르쳐주고 오히려 가르쳐 준 사람한테 비참하게 깨지는 신세가 되었던 것이다.

그래서 미국은 얼마 전까지 자기들이 최고인 줄만 알고 게으름만 피우다가 선두주자의 자리를 일본에게 내주게 되자 갖은 압력을 넣거나 때로는 그 거대한 체구를 가지고 엄살을 부리기도 했다. 그러면서 계속 각 분야에서 "일본으로부터 배우자"는 목청을 높이고 있다. 일본기업에서 배우자. 일본 교육에서 배우자는 글들이 자주 나왔다. 특히 자기들이 가르쳐 준 일본 기업문화에서 배우자고 큰 소리로 주장하면서 미국 기업이 조금씩 살아나고 있는 실정이다.

문화란 조직 또는 사회 내에서 공유하고 통용되는 가치, 태도, 신념, 철학, 역사와 전통, 습관, 언어 등의 모든 것이라고 할 수 있다. 최근에 기업 내에서 공유하고 통용되는 이러한 기업문화의 중요성이 강조되고 있다. 기업의 생산성이 향상될 뿐만 아니라 기업조직 구성원들이 같은 생각을 가지고 일을 함으로써 일하는 의미, 보람과 삶의 보람을 느끼게 되는 것이다.

학교는 원래 문화유산을 유지·보존·전달하는 기관으로서 문화조직이기 때문에 문화와는 가장 밀접한 관계를 맺고 있다. 학교마다 독특한 학교문화를 갖고 있어야 한다. 학교의 역사와 전통은 독특한 학교문화 형성에 결정적이다. 과거의 명문학교는 나름대로 독특한 학교문화가 있었다. 학생들은 교실에서 배우는 것보다도 자기 학교의 이 독특한 문화 속에서 배우는 것이 더 많았다.

학교의 구석구석에 스며든 학교문화 속에서 생활하는 동안에 저절로 배우고 깨닫고 각오와 결심을 하면서 성장하고 발전하게 되었다. 각 학교의 독특한 역사와 전통, 학교문화를 이어받고, 보존·발전시켜야 하는데 우리나라의 학교는 과거에 있던 문화마저 다 잃어버리고 사라져버리게 하였다.

그동안의 학교 관료화와 부작용으로 그렇게 된 것이다. 그래서 심지어는 공립과 사립의 차이도 없어지게 되었다. 참 안타까운 노릇이다. 다른 나라에서는 없던 학교문화 하나라도 주워 모아 만들려고 하는데 우리나라에서는 있던 것마저 없애고 평준화·평균화시키고 있으니 말이다.

학교에 주인이 없던 것도 학교문화가 없어지는 하나의 원인이 되고 있다. 순환근무제라고 해서 교장, 교감, 교사도 4, 5년마다 철새처럼 떠돌아다니고 있어 역사와 전통, 문화가 형성되고 보존될 수가 없다. 최근에는 용인과 청부들마저 한 학교에 오래 남아 있지 못하고 있으니 이거야말로 학교문화 말살정책이라고 할 수 있다. 거기다 학생들도 전학 이동이 많아지고 학부모와 주민들마저 이동이 많아지니 학교는 뜨내기의 일시적 거처가 되고 있다. 한 학교에 평생을 바쳐 봉사할 수 있도록 해야 한다. 교원들의 생을 건 하나의 교육작품을 만들 수 있도록 되어야 학생교육이 제대로 될 수 있다.

교원인사에서 경합지역은 어쩔 수 없다고 하더라도 비경합지역, 또는 기피지역에 희망하는 교원이 있다면 계속 그 학교에 근무할 수 있도록 해주어 그 학교의 문화의 맥을 이어갈 수 있도록 되어야 한다. 한 교사가 한 학교에서 학생의 아버지세대, 아들세대, 손자세대까지 가르칠 수 있다면 아마 그 교사는 학생의 특성을 제대로 파악하여 교육할 수 있을 것이다.

앞으로의 세계는 문화의 시대가 된다. 문화·예술이 국가경쟁의 종점이 될 것이다. 그래서 선진국들은 자기 나라의 문화·예술을 다른 나라에 전파하고 심기에 경쟁적으로 노력하고 있다. 나쁘게 말하면 군사(정치적)식민, 경제식민에 이어 문화·예술의 식민정책을 쓰고 있는 것이다. 정신적 식민은 물질적 식민보다 더 무서운 것이다. 이렇게 엄청난 생각을 하지 않더라도 각 학교는 그 학교 나름대로 독특한 문화를 형성할 필요가 있다.

학교문화가 완전히 사라진 속에서도 어떤 학교는 지금도 교사들이 야간대학, 대학원을 다니고, 현장논문 쓰기, 교육자료 제작 등 공부하고 연구하는 문화가 있고 어떤 학교는 소주 파티의 문화가 유지되는 학교가 있을 수 있다. 좋지 않은 문화를 억제하고 좋은 문화를 살려줄 필요가 있다.

우선 나름대로 남아 있는 학교문화에 맞는 리더십을 발휘하고, 나아가서 좋은 학교문화 형성을 위하여 리더십을 발휘하는 것을 문화 리더십이라고 해서 리더십이 나오는 근원으로서 도덕적 리더십과 함께 최고의 강력한 리더십으로 보고 있다. 학교장은 도덕적 리더십과 함께 문화리더십을 발휘해야 한다.

학교에 공통적으로 요구되는 문화로서 신뢰의 문화, 학습의 문화, 자율의 문화의 셋을 강조하고 싶다.

첫째, 우리 사회 전체에 믿음과 신뢰가 통하지 않고 있다. 학교도 예외가 아니어서 학교 내에도 의심과 불신이 팽배하고 있다. 불신 속에서는 교육이 성립될 수 없다. 학생이 교사를 절대적으로 믿고 존경하고 따르더라도 가르치고 배우기 어려운 것인데 서로 믿지 못하면서 어떻게 가르치고 배울 수 있겠는가? 학부모도 학교와 교사에 대한 경계의 눈초리를 늦추지 않는 것 같다. 학생과 학부모 사이도 그렇고 교장과 교사사이도 절대적 신뢰가 통하지 않고 있다. 그래서 장학력·행정력·리더십이 먹혀들지 못하고 있다. 교육 이전에 우선 학교에서 신뢰가 회복되어야 한다. 신뢰의 문화를 형성하기 위해 다 같이 노력해야 한다.

둘째, 학교는 교육기관이기 때문에 학습의 문화가 형성되어야 한다. 모든 학교구성원이 배우고자 열망하고, 배우고 가르침에 기쁨과 즐거움, 희열로 가득차야 한다. 학교는 학생만 배우는 것이 아니라 교사도 배우고 교장도 배워야 한다. 교원도 남을 가르치기 전에 먼저 자신을 가르치고, 자신이 먼저 배우려고 해야 한다. 그렇게 되면 학생들에게 공부하라고 잔소리할 필요도 없고 학생들은 공부하지 말라고 해도 공부하게 될 것이다. 학생들을 말로만 가르칠 것이 아니라 행동으로, 몸으로 가르쳐야 한다. 학교가 학습문화의 열기로 가득차야 교육은 쉽게 이루어진다.

셋째, 자율의 문화가 형성되어야 한다. 자기 일은 자기가 알아서 책임지고 해내는 문화가 자율의 문화이다. 학생들도 선생님으로부터 배우는 것보다 스스로 배우는 것이 훨씬 많아야 한다. 스스로 하려고 하지 않으면 보고도 보지 못하고, 듣고도 듣지 못하며, 배우고도 배우지 못한다.

교직은 전문직이고 전문직의 특성의 하나가 자율성이기 때문에 교원에게는 최대의 자율성이 보장되어야 한다. 자율이라는 말 속에는 이미 책임이란 의미가 포함되어 있기 때문에 책임성을 특별히 떼어내어 강조할 필요는 없다. 자기 일을 자율적으로 해내지 못하게 되면 다른 사람의 간섭과 지시·감독·확인을 불러들이고, 끌어들이게 된다. 학교에서 학생과 교사가 최대의 자율과 자유를 누릴 수 있어야 폭넓은 사람, 열린 사람을 키울 수 있다. 자율과 자유는 저절로 주어지는 것이 아니라 엄격한 자기 관리, 자기 통제, 자기 규율에 의하여 획득되는 것이다. 천부적인 자율과 자유가 있다고 하더라도 남용하고 오용하면 속박을 불러들이게 된다. 학교에 자율의 문화를 형성해야 한다.

학교문화는 학교의 밑바탕을 이룬다. 튼튼하고 넓은 문화라는 터전 위에서 학생들이 건전하게 자랄 수 있도록 올바른 학교문화를 형성해야겠다. 모든 사람들이 독특성을 갖고 한 사람 한 사람이 구별되듯이 모든 학교가 서로 다른 독특성과 차별화가 학교문화로부터 이루어져야 한다. 색깔 있는 학교, 색깔 있는 교육이 기대된다.

(Educational Journal, 한국교육 출판)

저자 주삼환(住三煥)

-약 력-
　　서울교육대학교, 서울대학교 교육대학원 교육행정전공 석사
　　미국미네소타대학교대학원 교육행정전공 박사, 서울시내 초등교사 약 15년,
　　한국교육행정학회장
　　미국 오하이오주립대학 객원교수, 한국대학교육협의회 파견교수,
　　인문사회연구회 이사 역임
　　현) 충남대학교 명예교수

-저·역서-
　　1. 한국대학행정(시그마프레스, 2007. 2008 문화체육관광부 우수도서)
　　2. 교육행정사례연구(학지사, 2007. 공저)
　　3. 교육행정철학(학지사, 2007. 공저)
　　4. 한국 교원행정(태영출판사, 2006)
　　5. 장학의 이론과 기법(학지사, 2006. 2007 문화관광부 우수도서)
　　6. 미국의 교장(학지사, 2005)
　　7. 학교경영의 이론과 실제(학지사, 2006)
　　8. 교육행정 및 교육경영(학지사, 2006. 공저)
　　9. 도덕적 리더십(역, T. J. Sergiovanni 저, 시그마프레스, 2008)
　　10 리더십 패러독스(역, 시그마프레스, 2009)

-한국학술정보(www.kstudy.com) 주삼환 교육행정 및 장학 시리즈 도서 33권-

Ⅰ. 교육 칼럼 및 비평 시리즈
　Ⅰ-1 우리의 교육, 몸으로 가르치자
　Ⅰ-2 질의 교육과 교육행정
　Ⅰ-3 위기의 한국교육
　Ⅰ-4 전환시대의 전환적 교육
　Ⅰ-5 교육이 바로 서야 나라가 산다
Ⅱ. 장학·리더십론 시리즈
　Ⅱ-1 수업분석과 수업연구(공저)
　Ⅱ-2 전환적 장학과 학교경영
　Ⅱ-3 장학: 장학자와 교사의 상호작용
　　　(역, A. Blumberg 저)
　Ⅱ-4 임상장학(역, Acheson & Gall 저)
　Ⅱ-5 교육행정 특강
　Ⅱ-6 교장의 리더십과 장학
　Ⅱ-7 교장의 질 관리 장학
　Ⅱ-8 교육개혁과 교장의 리더십
　Ⅱ-9 선택적 장학(역, A. Glatthorn)
　Ⅱ-10 장학 연구
　Ⅱ-11 인간자원장학(역, Sergiovanni &
　　　　Starratt)

Ⅲ. 교육행정 시리즈
　Ⅲ-1 올바른 교육행정을 지향하여
　Ⅲ-2 한국교육행정강론
　Ⅲ-3 미국의 교육행정
　Ⅲ-4 지방교육자치와 대학자치
　Ⅲ-5 전환기의 교육행정과 학교경영
　Ⅲ-6 고등교육연구
　Ⅲ-7 교육조직 연구
　Ⅲ-8 교육정책의 방향(역, J. Rich 저)
Ⅳ. 교육행정철학 시리즈
　Ⅳ-1 교육행정철학(역, C. Hodgkinson 저)
　Ⅳ-2 리더십의 철학(역, C. Hodgkinson 저)
　Ⅳ-3 대안적 교육행정학(공역, W. Foster 저)
　Ⅳ-4 교육행정사상의 변화
Ⅴ. 교육행정 관련학문 시리즈
　Ⅴ-1 교양인간관계론(역, A.Ellenso 저, e-book)
　Ⅴ-2 입문 비교교육학(역, A. R. Trethwey 저)
　Ⅴ-3 사회과학이론입문(공역, P. D. Reynolds 저)
　Ⅴ-4 허즈버그의 직무동기이론(역, F. Herzberg 저)
　Ⅴ-5 미국의 대학평가(역, Marcus, Leone
　　　　& Goldber 저)

교육이 바로 서야 나라가 산다

초판인쇄 | 2009년 1월 5일
초판발행 | 2009년 1월 5일

지은이 | 주삼환
펴낸이 | 채종준
펴낸곳 | 한국학술정보㈜
주 소 | 경기도 파주시 교하읍 문발리 513-5 파주출판문화정보산업단지
전 화 | 031) 908-3181(대표)
팩 스 | 031) 908-3189
홈페이지 | http://www.kstudy.com
E-mail | 출판사업부 publish@kstudy.com

등 록 | 제일산-115호(2000. 6. 19)
가 격 | 16,000원

ISBN 978-89-534-0579-0 93370(Paper Book)
    978-89-534-0587-5 98370(e-Book)